# Moshe Zuckermann

## Freud und das Politische

Bibliografische Information der Deutschen Bibliothek:
Die Deutsche Bibliothek verzeichnet diese Publikation in der Deutschen
Nationalbibliografie. Detaillierte bibliografische Daten sind im Internet über
http://dnb.ddb.de abrufbar.

© 2016 Promedia Druck- und Verlagsgesellschaft m.b.H., Wien
Alle Rechte vorbehalten
Druck: CPI – Clausen & Bosse, Leck
Printed in Germany
ISBN: 978-3-85371-411-9

Fordern Sie unsere Prospekte an:

Promedia Verlag
Wickenburggasse 5/12
1080 Wien
Österreich

E-Mail:          promedia@mediashop.at

Internet:        www.mediashop.at
                 www.verlag-promedia.de

Moshe Zuckermann

# Freud
## und das
## Politische

Psychoanalyse, Emanzipation
und Israel

PR⊙MEDIA

## Über den Autor

*Moshe Zuckermann,* 1949 in Tel Aviv geboren, ist Professor für Geschichte und Philosophie an der Universität Tel Aviv. Als Sohn von Holocaust-Überlebenden entschloss er sich nach zehnjährigem Aufenthalt in Deutschland mit 20 Jahren zur Rückkehr nach Israel. Von ihm erschienen bei Promedia die Bücher »»Antisemit!‹ Ein Vorwurf als Herrschaftsinstrument« (2010, 4. Auflage 2015) sowie »Israels Schicksal. Wie der Zionismus seinen Untergang betreibt« (2014, 2. Auflage 2015).

# Inhaltsverzeichnis

# Vorwort

Der vorliegende Band befasst sich mit politischen Dimensionen im Denken Freuds. Das ist durchaus kein neues Thema, es wurde bereits mehrfach erforscht und erörtert, im Grunde schon zu Freuds Zeiten, gleichsam von Anbeginn der höchst kontrovers verlaufenen Rezeption seines Denkens.[1]

Wozu also so ein Buch schreiben? Zum einen, weil das Thema zwar über Jahrzehnte verschiedentlich behandelt worden, aber doch nach und nach verblasst ist. Themen des Denkens und der Forschung pflegen gemeinhin zu verblassen, wenn sie ihre Relevanz – sei's als überholter Forschungsstand, sei's infolge eines »plötzlichen« Paradigmenwechsels – eingebüßt haben. Das besagt allerdings nicht immer etwas über ihre reale Relevanz. Das Verblassen wird oft genug ideologisch lanciert bzw. durch interessensgeleitete Diskursformationen zur Randständigkeit verurteilt. In der Randständigkeit erhält sich aber ein Moment der Wahrheit, das seiner historischen Wiederkehr harrt, aber eben auch »am Leben« erhalten werden muss. Hegel wird der Spruch »Schlecht für die Tatsachen« zugeschrieben, und zwar im Hinblick auf die Wahrheit des Ganzen. In diesem Sinne darf auch die »Tatsache«, dass eine Erkenntnis als irrelevant abgeschrieben worden ist, als irrelevant im Hinblick auf die Wahrheit, die diese Tatsache aus ideologisch gestählter Emphase vermeintlich konterkariert, eingestuft werden. Nicht zuletzt davon wird am Beispiel der Psychoanalyse zu reden sein.

Zum anderen sollten bereits publizierte Erkenntnisse und Einsichten stets aufs Neue anvisiert werden, weil die Dynamik der Auslegung der doktrinären Erstarrung von bereits Festgelegtem entgegenzuwirken vermag. Es geht dabei nicht um Interpretation um der Interpretation willen, durchaus aber um (wie immer dezente) Erneuerung des zum Kanon Geronnenen. So sehr die Grundwahrheiten des Marxismus als solche im Marx'schen Denken selbst ergründ- und nachforschbar sind, sahen sie sich durch verdinglichende Fetischisierung im doktrinären orthodoxen Marxismus bedroht. Von unschätzbarem Wert war da die bereichernde Erweiterung, die das Marx'sche Paradigma durch die Synthese mit der Freud'schen Psychoanalyse erfuhr, wie sie von Denkern und Forschern der Frankfurter Schule in beeindruckender Weise vollzogen wurde. Die Relevanz der Frankfurter Schule selbst wird heutzutage freilich manchmal infrage gestellt. Die dieser Abrede entgegengesetzte Position soll in diesem Band dezidiert vertreten werden.

Hervorgehoben sei zudem, dass es sich bei der vorliegenden Schrift nicht um ein System handelt. Sie versteht sich als fragmentarisch in der Herangehensweise, befasst sich daher primär mit *Aspekten* des Generalthemas (und eben nicht mit seiner systematischen Begründung als Ganzes), ist mithin, wie gesagt, bestrebt, gewisse Aspekte zu beleuchten. Die Anordnung der einzelnen Kapitel mag daher eklektisch anmuten, zumal auch formal der Essaycharakter des Textes fast durchgängig gewahrt wird. Die Kapitel selbst sind nicht gleichförmig in ihrer Länge und der Anordnung des jeweiligen Materials. Vieles ließe sich hinzufügen, nicht Weniges auch anders schreiben. Und doch soll auch in dieser losen Form durchaus Zweifaches vertreten werden: das Aufweisen des Politischen im Freud'schen Denken sowie die Relevanz dieser Dimension in seinem Denken für das Erfassen und Begreifen heutiger Realitäten im Gesellschaftlichen und Politischen.

Bei den einzelnen Texten in diesem Band handelt es sich zum Teil um überarbeitete, teils erweiterte und aktualisierte Publikationen der letzten 30 Jahre. Nicht nur fügen sie sich zu dem zusammen, worum es in diesem Band gehen soll, sondern die Zusammenfügung als solche darf durchaus als das Resümee eines den Verfasser sein gesamtes akademisches wie öffentliches Leben hindurch umtreibenden Themenkomplexes angesehen werden. Es geht also nicht nur um eine ideen-, sondern gewiss auch um eine lebensgeschichtliche Rückschau, freilich mit einem emphatisch vertretenen aktuellen Bezug.

*Moshe Zuckermann*
*Tel Aviv, im Juli 2016*

## Anmerkungen

1.   Vgl. etwa das ausgezeichnete Buch von José Brunner, *Psyche und Macht. Freud politisch lesen*, Stuttgart 2001. Vgl. auch: Herbert Marcuse, *Konterrevolution und Revolte*, Frankfurt/Main ²1973, S.72-94; Herbert Marcuse, *Versuch über die Befreiung*, Frankfurt/Main ⁵1980; Alfons Söllner, Angst und Politik. Zur Aktualität Adornos im Spannungsfeld von Politikwissenschaft und Sozialpsychologie, in: Ludwig von Friedeburg und Jürgen Habermas (Hrsg.), *Adorno-Konferenz 1983*, Frankfurt/Main 1983, S.338-349; Dietrich Haensch, *Repressive Familienpolitik. Sexualunterdrückung als Mittel der Politik*, Reinbek bei Hamburg 1969; sehr interessant auch aus psychoanalytischer Sicht: Thea Bauriedl, *Die Wiederkehr des Verdrängten. Psychoanalyse, Politik und der Einzelne*, München 1986

# Einleitung

Das Politische – dies sei hier als Grundannahme vorausgeschickt – beruht auf der Sicht des Konflikts als transhistorische bzw. anthropologische Konstante der menschlichen Zivilisation. Zu seiner Austragung bedarf es der Generierung von Macht, welche freilich auch zu seiner Verhinderung eingesetzt werden mag – was allerdings an sich schon die Wirkmächtigkeit des Konfliktpotenzials indiziert. So auch der politische Kompromiss, welcher ja im Ausweichen vor der Verwirklichung des im Konflikt an Gewalt, Aggression und Feindseligkeit Angelegten das Moment des Konfliktuellen in sich aufhebt. Mit welchen Visionen des (ewigen) Friedens, utopischen Glücks und gemeinschaftlicher Zufriedenheit sich Mythen, Religionen, Sozialtheorien und Kunst seit jeher befasst haben, führt plastisch vor Augen, wogegen sich solche Menschheitsträume stets entgegenzustemmen versuchten. Die Friedensgöttin Eirene und der Kriegsgott Ares bzw. Mars gehörten derselben Götterwelt der Antike an. Institutionalisiert manifestiert sich die aus dem Konflikt erwachsene Macht/Gewalt als Herrschaft, wobei Herrschaft sowohl als Instanz zur politischen Beilegung von Konflikten als auch als Ursache und Anlass von Konflikten, jenen des Machtkampfs um politische Herrschaft, verstanden werden muss. Nimmt man Nietzsches »Willen zur Macht« als unhintergehbare Matrix allen menschlichen Handelns zur Voraussetzung, darf man vom Menschen als eine im Wesen politische Entität sprechen, ganz so, wie es Aristoteles' Zoon politikon als Grunddefinition menschlichen

Daseins anzeigt. Dem Politischen sind, so besehen, Koordinaten des Konflikts, der Macht/Gewalt und der Herrschaft – ausgetragen oder verhindert – stets verschwistert.

Freuds Denken basiert auf einer konfliktuell strukturierten Auffassung der conditio humana. Es geht davon aus, dass der als Lustsucher, also als triebgesteuertes Wesen, in die Welt kommende Mensch von Anbeginn mit einer Realität konfrontiert ist, die – der Befriedigung der Triebansprüche entgegenwirkend – als ihrem Wesen nach »feindlich« wahrgenommen wird. Die Realität wird früher oder später zum Prinzip erhoben, und als Realitätsprinzip wirkt sie im Menschen als polarer Gegensatz zum Lustprinzip. Bekanntlich bilden sich, Freud zufolge, in der menschlichen Psyche entsprechende Instanzen aus: Im Es sind die Lust generierenden Triebe (wie auch verdrängte Lustwünsche und -antriebe) beherbergt; im Über-Ich als verlängertem Arm der Gesellschaft, mithin der äußeren Realität, »wohnen« verinnerlichte Moral und das sich mit ihr bildende Gewissen; das Ich, gleichsam der vernunftgeleitete rationale Anteil der Psyche, dem die Aufgabe zukommt, sich auf die gesellschaftliche Realität adäquat auszurichten, sieht sich demgemäß der Wirkung zweier gegensätzlicher Kräfte ausgesetzt – lapidar gesagt: dem des ewig wollenden Es und dem des dem Gewollten Einhalt gebietenden bzw. es verbietenden Über-Ichs.

Freud war natürlich nicht der Erste, der diesen Grundumstand der menschlichen Existenz erkannt und systematisch erörtert hat. In allen Kulturen, in allen Mythologien und Religionen, aber auch schon in der Frühzeit der westlichen Philosophie wurde das Konfliktpotenzial zwischen dem triebgesteuerten Menschen und der gesellschaftlichen Zivilisierung (bzw. Dressur) der menschlichen Triebe und Leidenschaften zu einem zentralen Thema der diskursiven Erörterung menschlichen Seins erhoben. Freud selbst war sich dessen bewusst und hob es auch mehrmals hervor. Und doch darf davon ausgegangen werden, dass es besonders gewisse philosophische Entwicklungen im 19. Jahrhundert waren, die bei der Geburt des ihm eigenen Denkens Pate standen. Zum einen war da Kants Philosophie, die Wesentliches zur Klärung wie auch zur Eingrenzung der Möglichkeiten menschlicher Vernunft beigetragen hat. Kant war Aufklärer, und als solcher darf auch Freud eingestuft werden, denn nicht nur nahm er sich vor, über das Irrationale rationale Rechenschaft abzulegen, sondern sein nahezu zum geflügelten Wort geronnenes Diktum »Wo Es war, soll Ich werden« kann gewiss als ein aufklärungsbeseeltes Postulat gelten. Zwar enthält es ein repressives Element (das Es soll ja zunehmend beherrscht werden), und doch richtet es sich auf das Ich aus, »vertraut« ihm sozusagen. Nicht minder darf indes der Vermutung das Wort geredet werden, dass die Philosophie Schopenhauers (und in deren Folge das komplexe Denken Nietzsches) einen prägenden Einfluss auf die Matrix der Freud'schen Weltsicht ausgeübt hat. Der Willensbegriff Schopenhauers ist zwar metaphysisch gebildet, darf aber – wenn man sich einer gleichgestaltigen Analogie bedient – in seiner Immunität jeglicher rationalen Logik gegenüber wie auch in seiner Ahistorizität mit dem Wirken des Es verglichen werden. Was dem ewig wollenden Willen entgegensteht, ist »die Welt« (die zugleich von ihm angetrieben wird), wie dem Lustprinzip das Realitätsprinzip bzw. das Über-Ich dem Es entgegenwirkt. Was bei Schopenhauer zu einer kulturpessimistischen Konsequenz führt, findet sich durchaus auch bei Freud, wie nicht zuletzt der Titel seiner bedeutenden Schrift »Das Unbehagen in der Kultur« bezeugt. In der Tat sieht sich, Freud zufolge, das Bewusstsein mit der kränkenden Erfahrung konfrontiert, »dass das Ich nicht Herr sei in seinem eigenen Haus«. Davon wusste bereits Nietzsche, dem bis zu seiner Zeit wohl Psychologie-beflissensten aller Philosophen, ein Lied zu singen.

So betrachtet, ist das Politische in der Freud'schen Auffassung des Menschen sowohl in dessen konfliktuell beschaffener Seelenstruktur als auch in seinem von Konflikten durchwirkten Verhältnis zur Welt bzw. Kultur zu sehen. Politisch ist es insofern, als eine Form des Machtkampfes zwischen den Seeleninstanzen bzw. zwischen den seelischen Bedürfnissen und den realen Möglichkeiten ihrer Befriedigung stattfindet. Dass der Ausgang dieses fortwirkenden Machtkampfes sich selten nur eindeutig zugunsten einer der streitenden »Parteien« entscheidet, dass darüber hinaus jeder punktuelle Ausgang des Kampfes sehr schnell von der Wirkmächtigkeit verfestigter Muster des Konfliktuellen eingeholt wird, mithin die Grundlage für die erneute Erweckung des Machtkampfes bilden mag, macht – wiederum Freud zufolge – das nie ganz versiegende Neurotische des menschlichen Daseins aus. Entsprechend darf davon ausgegangen werden, dass die »Psychopathologie des Alltagslebens« nicht nur die Konventionen gängiger Lebensroutine, sondern die Grundfeste der schieren Existenz des Menschen als gesellschaftliches Wesen belangt. Das Neurotische seines Daseins ist die Herausforderung an das Emanzipationsstreben des Menschen, zugleich aber (und gerade darin) die strukturelle Matrix des Politischen an ihm.

Von nicht minderer Bedeutung ist gleichwohl der Umstand, dass sich dies Neurotische in Weltanschauung, Ideologie und Handlungspraktiken im realen Gesellschaftlichen und Politischen übersetzt. Nicht zuletzt daraus ergibt sich die Notwendigkeit, politische Erscheinungen und Prozesse mit psychoanalytischen Mitteln anzuvisieren. Dabei geht es nicht nur um eklatante Fälle des Politischen, wie etwa die Hinrichtung von Königen oder die Ermordung von bedeutenden Staatsmännern, bei denen eine Dimension des »Vatermordes« zu detektieren wäre. Vielmehr kann es sich um das fundamentale Verhältnis des Einzelnen oder von Gruppen zur Herrschaft handeln, wobei davon ausgegangen werden darf, dass vieles an diesem Verhältnis sich anhand der Verinnerlichung von Herrschaft im Ödipalkonflikt bildet und schärft. Gravierend wirkt sich das auf Ideologiebildungen aus, zumal Ideologie dann nicht mehr nur als ein kognitives Problem (ein Problem des falschen *Bewusstseins*) begriffen wird, sondern im Hinblick auf die der jeweiligen Bewusstseinsbildung zugrunde liegenden psychischen, mithin neurotischen Bedürfnisse zu untersuchen ist. Ohne Zweifel verkompliziert dies auch die Aufklärungsmöglichkeiten – ungleich leichter ist es, Ansichten und Meinungen zu korrigieren als neurotisch generierte psychische Fixierungen zu überwinden.

Diese Einsicht verweist auf die Notwendigkeit einer theoretischen Synthesenbildung. Denn so sehr die Psychoanalyse die Erkenntniskapazität der klassischen Sozialtheorie (nach Vermögen) zu bereichern vermochte, konnte nicht übersehen werden, wie sehr sie selbst der Sozialtheorie bedurfte, um die Erkenntnisbreite des metapsychologischen Ansatzes im Spätwerk Freuds wesentlich zu erweitern. Als bemerkenswertesten Versuch in diese Richtung darf man wohl den Freudomarxismus der Frankfurter Schule ansehen.

Was der Freudomarxismus ist, lässt sich am Begriff direkt wahrnehmen. Es handelt sich um den historischen Versuch, eine Synthese zwischen dem Marxismus und der Freud'schen Psychoanalyse herzustellen. Ansätze zu einer solchen Synthese gab es schon relativ früh. Als herausragend unter den ersten Vertretern darf wohl Wilhelm Reich[1] (1897–1957) gelten. Bedeutend war auch der in Berlin wirkende Erich Fromm (1900–1980), der sich bald mit der Gruppe der frühen Kritischen Theorie verband, der späterhin sogenannten Frankfurter Schule. Deren Vertreter – allen voran Herbert Marcuse, Theodor Adorno und Max Horkheimer – entwickelten diesen Theorieansatz zur einem neuen Forschungsparadigma, das sich als Kritische Theorie von dem, was als traditionelle Theorie apostrophiert wurde, absetzte.

Die theoretische Synthese des makrosoziologischen Marxismus mit der Freud'schen Tiefenpsychologie war nicht selbstverständlich und mitnichten leicht zu erlangen. Dies hatte innertheoretische Gründe, durchaus aber auch äußere. Denn weder gestandene Marxisten noch orthodoxe Psychoanalytiker hatten ein Interesse am jeweils anderen Theoriebereich. Den Marxisten, die an der Veränderung historisch gewachsener gesellschaftlicher Strukturen interessiert waren, galt die Beschäftigung mit dem Innenleben des Individuums als bürgerliche Ideologie. Professionelle Psychoanalytiker wiederum zielten primär auf die klinische Therapie individueller Leiderfahrung, ohne sich dabei groß um gesellschaftliche Transformationen zu kümmern.

Dabei lag die Notwendigkeit einer solchen Synthese auf der Hand. Denn zum einen gab es potenzielle Ansätze psychologischer Erörterung schon beim frühen Marx, wenn man an die psychischen Auswirkungen von Entfremdung denkt (Psychologie als eigenständige Disziplin bestand aber noch nicht). Zum anderen aber begnügte sich Freud selbst nicht mit der Grundlegung therapeutischer Praxis, sondern entwickelte eine übers Individuum hinausgehende Zivilisationstheorie, in die zwangsläufig kollektive, mithin gesellschaftliche Faktoren einflossen. Alle metapsychologischen Schriften der späten Schaffensperiode Freuds sind ohne einen Gesellschaftsbegriff, mithin Kritik gesellschaftlicher Institutionen wie etwa der Religion, nicht zu denken.

Das ist es, was sich die interdisziplinär ausgerichtete klassische Frankfurter Schule zur Grundlage ihrer theoretischen Überlegungen nahm. Dabei ging es ihr nicht um die therapeutischen Angebote der Psychoanalyse, sondern um die wechselseitige Wirkmächtigkeit des Sozialen auf das Psychische und der psychischen Strukturen auf die Herausbildung von Mustern sozialen Verhaltens. Ohne diesen Denkansatz wären »Entdeckung« und Kritik des Autoritären, seiner politischen Ausformungen, seiner Ideologiebildungen und eben der psychischen Dimension gesellschaftlicher und politischer Ideologie gar nicht in die Welt gekommen. Dass sich diese brillante Synthese, mit Ausnahme einer kurzen Periode im Denken der Neuen Linken in den 1960er-Jahren, nicht durchzusetzen vermochte, besagt nichts über den Wahrheitskern ihrer Ausrichtung. Ihre Niederlage kann mit Kategorien des Freudomarxismus noch am besten erklärt werden.[2]

Als eine für den in diesem Band verhandelten Zusammenhang zentrale Kategorie der klassischen Kritischen Theorie darf wohl die des autoritären Charakters gelten. Die nun folgenden Darlegungen sind ihr gewidmet.

In einem 1966 abgehaltenen Rundfunkvortrag behauptete Adorno, dass jede Debatte über Erziehungsideale »nichtig und gleichgültig« jenem zentralen Erziehungsziel gegenüber sei, dass sich Auschwitz nicht wiederhole: »[Auschwitz] war die Barbarei, gegen die alle Erziehung geht. Man spricht vom drohenden Rückfall in die Barbarei. Aber er droht nicht, sondern Auschwitz *war* er; Barbarei besteht fort, solange die Bedingungen, die jenen Rückfall zeitigten, wesentlich fortdauern. Das ist das ganze Grauen.« Weiter heißt es dann: »Der gesellschaftliche Druck lastet weiter, trotz aller Unsichtbarkeit der Not heute. Er treibt die Menschen zu dem Unsäglichen, das in Auschwitz nach weltgeschichtlichem Maß kulminierte«.[3]

Es ist Mode geworden, dem Denken Adornos seine Überlebtheit vorzuhalten. Es sei ein Denken, das sich aus der Spezifität einer biografischen Erfahrung speise, die längst schon historisiert gehöre: Die dunkel-verzweifelte Weltsicht unmittelbar nach dem Zweiten Weltkrieg sei auf das eigene beschädigte Leben, auf den Einfluss des zwar lebensrettenden, doch traumatisch fortwirkenden existenziellen Erlebnisses von Emigration und durchlebter Entwurzelung zurückzuführen. Zwar verleihe diese der nachmaligen Reflexion ihre historische Authentizität, aber eben um den Preis, dass die Gesamtschau der individuellen Erfahrung die Reflexion bestimme. Die Emphase der Adorno'schen Verzweiflung nimmt sich aus solcher Sicht pathetisch aus, gar ideologisch, weil Partikulares für allgemein ausgegeben werde. Was soll man noch mit einem solchen Denken in einer Zeit, die sich alles Ideologischen enthoben zu haben wähnt?

Darüber hinaus werden der Adorno'schen Philosophie (wenn sie denn als Philosophie überhaupt akzeptiert wird) immanente Defizite vorgehalten. Indem sie die Geschichte der Zivilisation einem transhistorischen Argument unterwerfe, enthistorisiere sie historisch Spezifisches, unterschlage mithin die in der geschichtlichen Gesamttendenz sichtbar werdenden Veränderungen, die sich weitaus differenzierter ausprägen würden, als es sich in langzeitlichen Strukturformen und Mustern ausnehmen mag. Mehr noch: Da die transhistorische Gesamttendenz als eine von Urzeiten bis hin zum modernen Spätkapitalismus sich entfaltende Folge von stetig komplexer und undurchdringlicher werdenden Herrschaftsmechanismen, die in die Vorstellung einer hochentwickelten, total verwalteten Welt mündet, (nach)gezeichnet wird, komme das Gefühl historischer Ausweglosigkeit auf, womit sich Kritische Theorie selbst in die Erkenntnis-Sackgasse manövriere. Der von Peter Sloterdijk 1999 gegen Habermas pathetisch-polemisch gerichtete Ausruf, die Kritische Theorie sei tot,[4] mag unterschwellig auch etwas mit dem – freilich unreflektierten – Bedürfnis zu tun gehabt haben, den vermeintlichen Gordischen Knoten dieser kritischen Denktradition ein für alle Mal durchzuhauen.

Zu fragen ist freilich, was genau – über die spezifische Intention Sloterdijks hinaus – getötet werden soll. Adorno selbst wies seinerzeit im anderen Zusammenhang darauf hin, dass ein »uralt bürgerlicher Mechanismus, den die Aufklärer des 18. Jahrhunderts gut kannten, [...] erneut, doch unverändert ab[läuft]: das Leiden an

einem negativen Zustand, diesmal an der blockierten Realität, wird
zur Wut an den, welcher ihn ausspricht«.[5] Ein Spannungsfeld tut
sich auf zwischen negativer Realität, ihrem kritischen Begriff und
der Bereitschaft, sich diesem aufrecht erhaltenen Begriff auszusetzen. Zweierlei mag ihn unterlaufen: zum einen das *Desinteresse* am
kritisch stets Wiederholten, wobei sich das »Interesse« – bewusst
oder unbewusst – dem real Vorwaltenden entschlägt; zum anderen
die *Nomenklatur* – man entwindet sich dem real Vorwaltenden, indem
man es umbenennt. Die vom Desinteresse herrührende Indifferenz
bedarf dabei nicht der Begründung. Eher schon der wissenschaftlich
sich gebende konzeptuelle Schichtwechsel.

Nicht von ungefähr meinte Adorno bei seinem Einleitungsvor-
trag zum 16. Deutschen Soziologentag 1968, welcher der makrotheo-
retischen Erörterung des Zustands entwickelter Gesellschaftssysteme
gewidmet war, der »mit dem Stand der sozialwissenschaftlichen
Kontroverse nicht Vertraute könnte auf den Verdacht geraten, es
handele sich um einen Nomenklaturstreit; Fachleute seien von
der eitlen Sorge geplagt, ob die gegenwärtige Phase nun Spätkapitalismus oder Industriegesellschaft heißen solle«.[6] Ob es dabei
dem mit dem Stand der sozialwissenschaftlichen Kontroverse sehr
wohl Vertrauten heute anders gehen mag, darf bezweifelt werden.
Aktuelle Codewörter wie Globalisierung, Zivil-, Konsum-, Medi-
en-, gar »Spaß«-Gesellschaft indizieren ein genuines Bedürfnis,
offensichtliche Transformationen, die moderne Gesellschaften in
den letzten Jahrzehnten weltweit durchliefen, begrifflich zu fassen,
kaschieren jedoch nicht minder den Umstand, dass sich am Wesen
dessen, was im Begriff als obsolet abgetan wird, nichts Grundlegendes

geändert hat. Trotz aller Umbenennung ist der (Spät-)Kapitalismus samt der ihm einwohnenden Herrschafts-, Ausbeutungs- und Manipulationsmechanismen mitnichten aus der Welt geschafft, sondern wird lediglich euphemistisch abgesegnet, was sich gerade im Nomenklaturstreit (der freilich heute kaum noch »Streit« genannt werden kann; das reale Kräfteverhältnis der objektiven Weltlage hat sich auf den agonalen theoretischen Diskurs merklich ausgewirkt) als Ideologie höchster Stufe erweist.

Adorno hat hierauf im besagten, nunmehr fast fünfzig Jahre alten Vortrag prägnanten Bezug genommen. Er unterstrich durchaus den objektiv stattgefundenen Wandel im Bereich der Produktionsmittel, meinte darüber hinaus, man dürfe sich dennoch zur bündigen Disjunktion von Spätkapitalismus und Industriegesellschaft nicht nötigen lassen, bestand jedoch vor allem darauf, dass Herrschaft weiter über Menschen durch den ökonomischen Prozess hindurch ausgeübt werde, nur dass dessen Objekte »längst nicht mehr nur die Massen [sind], sondern auch die Verfügenden und ihr Anhang. Der alten Theorie gemäß wurden sie weithin zu Funktionen ihres eigenen Produktionsapparats«. Und habe sich schon die Verelendungstheorie nicht à la lettre bewahrheitet, »so doch in dem nicht weniger beängstigenden Sinn, dass Unfreiheit, Abhängigkeit von einer dem Bewusstsein derer, die sie bedienen, entlaufenen Apparatur universal über die Menschen sich ausbreitet«.[7] Zwar werden nach Lebensstandard und Bewusstsein »vollends in den maßgebenden westlichen Staaten Klassendifferenzen weit weniger sichtbar als in den Dezennien während und nach der industriellen Revolution«,[8] und doch sind stets noch »die Menschen, was sie nach der Marxischen Analyse um die Mitte des 19. Jahrhunderts waren: Anhängsel an die Maschinerie, nicht mehr bloß buchstäblich die Arbeiter, welche nach der Beschaffenheit der Maschinen sich einzurichten haben, die sie bedienen, sondern weit darüber hinaus metaphorisch, bis in ihre intimsten Regungen hinein genötigt, dem Gesellschaftsmechanismus als Rollenträger sich einzuordnen und ohne Reservat nach ihm sich zu modeln. Produziert wird heute wie ehedem um des Profits willen«.[9] Vor allem ging es aber Adorno um den von ihm so bezeichneten »Vorrang der Struktur«, darum eben, »daß Begriffe wie Tauschgesellschaft ihre Objektivität haben, einen Zwang des Allgemeinen hinter den Sachverhalten bekunden, der keineswegs stets zureichend in operationell definierte Sachverhalte sich übersetzen läßt«.[10]

Auf dieser Grundlage lässt sich die eingangs zitierte Aussage Adornos über die perennierende Barbarei *nach* Auschwitz genauer umreißen: Auschwitz begreift sich als bereits stattgefundener »Rückfall in die Barbarei«, die nun aber, da sie sich real zugetragen hat, als chronische Möglichkeit paroxystischer Wiederkehr nicht mehr wegzudenken ist. Der Grund hierfür liegt darin, dass die *strukturellen* Bedingungen, die Auschwitz als Kulminationspunkt einer Gesamttendenz historisch zeitigten, als solche – als *strukturell* bedingte Konstellationen also – mitnichten überwunden sind, sondern fortwähren. Es handelt sich dabei keineswegs um außergewöhnliche Bedingungen, sondern um solche, die in der Tendenz ihrer eigenen realen sozialen-geschichtlichen Logik angelegt sind. Dass sie sich nun nicht als katastrophenträchtige Bedrohung darstellen, gar als Not »unsichtbar« geworden sind, darf nicht darüber hinwegtäuschen, dass sie im gesellschaftlichen Druck fortwirken – jenem vermeintlich normalen, gewöhnlichen, alltäglichen gesellschaftlichen Druck, der die »Menschen zu dem Unsäglichen [hintreibt], das in Auschwitz nach weltgeschichtlichem Maß kulminierte«. In ihrer realen historischen Ausbildung mag sich die Monstrosität von Auschwitz als Ausnahmezustand ausnehmen, nicht jedoch als Potenzial der Realgeschichte.

Wenn aber Barbarei real fortbesteht, »solange die Bedingungen, die jenen Rückfall zeitigten, wesentlich fortdauern«, die Bedingungen jedoch in der Latenz verharren, »unsichtbar« geworden sind, mag sich die Frage nach dem Wesen des Faschistischen unter äußerlich veränderten historischen Bedingungen stellen. Gemeint ist dabei nicht der staatlich organisierte bzw. sich im Staate vollendende Faschismus, sondern die strukturellen Prädispositionen für die Zurichtung des Faschistischen am Menschen. Hierfür sei eine weitere zentrale Kategorie des Adorno'schen Denkens herangezogen: die des autoritären Charakters.

In der Einleitung zu den »Studien zum autoritären Charakter« verweist Adorno auf die Anlehnung der präsentierten Untersuchungen an der Hypothese, dass »die politischen, wirtschaftlichen und gesellschaftlichen Überzeugungen eines Individuums häufig ein umfassendes und kohärentes, gleichsam durch eine ›Mentalität‹ oder einen ›Geist‹ zusammengehaltenes Denkmuster bilden, und daß dieses Denkmuster Ausdruck verborgener Züge der individuellen Charakterstruktur ist.«[11] Adornos Hauptaugenmerk ist dabei auf das von ihm so benannte »potentiell faschistische Individuum« gerichtet, er geht jedoch davon aus, dass *jede* Untersuchung, die dem »Prob-

lem politischer Typen« nachgeht, einer Unterscheidung zwischen
der Konzeption der »Ideologie« und »der ihr zugrundeliegenden
menschlichen Bedürfnisse« bedarf. Begreift man dabei Ideologie als
ein »System von Meinungen, Attitüden und Wertvorstellungen«,
mithin als »eine Denkweise über Mensch und Gesellschaft«, lässt sich
Adornos Verknüpfung beider Konzeptionen nachvollziehen: »Wir
können von der Gesamtideologie eines Individuums sprechen oder
von seiner Ideologie in verschiedenen Bereichen des sozialen Lebens:
Politik, Wirtschaft, Religion, Minderheiten und anderes. Ideologien
bestehen, unabhängig vom Einzelnen, und die Ideologien bestimmter
Epochen sind ebenso Resultat historischer Prozesse wie des sozialen
Geschehens. Je nach dem individuellen Bedürfnis und dem Ausmaß,
in dem dieses befriedigt wird oder unbefriedigt bleibt, haben sie für
die einzelnen Individuen verschieden starke Anziehungskraft.«[12]

Von Bedeutung ist dabei, dass besagte Meinungen, Attitüden
und Wertvorstellungen, die das ideologische Systems des Einzelnen
bilden, sich zwar mehr oder minder offen artikulieren, psychologisch gesehen jedoch »an der Oberfläche« bleiben. Die Reaktion
des Individuums auf emotional geladene Fragen hängt von seiner
spezifischen Situation ab; in bestimmten Fällen können sich daher
»Diskrepanzen« ergeben »zwischen dem, was er sagt, und dem, was
er ›wirklich denkt‹«. Adorno hebt hervor, dass der Erfassung jener
»verborgenen Tendenzen«, welche das Individuum nicht nur vor
seiner Umgebung, sondern auch vor sich selbst verbirgt, besondere
Bedeutung zukomme, weil angenommen werden könne, dass genau
hier »das Potential für demokratische oder antidemokratische Ideen
und Handlungen in entscheidenden Situationen liegt.«[13]

Es versteht sich von selbst, dass sich eine solche Theorie der Charakterstruktur »eng an Freud« anlehnt. Charakterkräfte hat man daher als »Bedürfnisse«, mithin als »Triebe, Wünsche [und] emotionale Impulse« zu begreifen. So lässt sich denn der Charakter in seiner Funktion als »Organisation von Bedürfnissen«, welche auf besagte Meinungen, Attitüden und Wertvorstellungen des Einzelnen einwirken, als »*Determinante* ideologischer Präferenzen« begreifen, nicht jedoch als »endgültige Determinante«. Adorno hebt ausdrücklich hervor, dass der Charakter nie von vornherein gegeben sei, sondern sich unter dem Druck der Umweltbedingungen heranbilde, und dies umso gründlicher, »je früher sie in der Entwicklungsgeschichte des Individuums eine Rolle spielten«. Wenn also die Charaktergenese vom Erziehungsprozess und der häuslichen Umgebung des Kindes entscheidend geprägt wird, muss man wirtschaftlichen und sozialen Faktoren eine tiefe Einflussnahme auf diese Entwicklung beimessen. Denn: »Nicht nur folgt jede Familie hier den Gewohnheiten der eigenen sozialen, ethnischen und religiösen Gruppe, auch ökonomische Faktoren beeinflussen das Verhalten der Eltern gegenüber dem Kind. Umfassende Veränderungen in sozialen Bedingungen und Einrichtungen wirken sich daher unmittelbar auf die innerhalb einer Gesellschaft entstehenden Arten von Charakterstrukturen aus.«[14]

Bei Erich Fromm heißt es: »Es sind die libidinösen Kräfte der Menschen, die gleichsam den Kitt formieren, ohne den die Gesellschaft nicht zusammenhielte, und die zur Produktion der großen gesellschaftlichen Ideologien in allen kulturellen Sphären beitragen.«[15] Wenn also die Kräfte, von denen es heißt, sie formierten den Charakter des Individuums, auch jenen »Kitt« bilden, welcher auf

die interpersonellen Beziehungen, mithin aufs kollektive Leben
einwirkt, diese Kräfte jedoch selbst vom Sozialen geprägt sind, so
kann Adorno die Charakterstruktur als »eine Agentur« definieren,
die »soziologische Einflüsse auf die Ideologie vermittelt«.[16]

Aus dem Begriff der Charakterstruktur entfaltet sich bei Fromm
der Sekundärbegriff des »Gesellschafts-Charakters«. Es soll hier
nicht näher auf ihn eingegangen werden. Im anstehenden Zusammenhang ist eher die von Fromm vorgenommene Kategorisierung
verschiedener Erscheinungsformen des Gesellschafts-Charakters
von Belang; als deren prägnanteste mag die des sogenannten »autoritären Charakters« erachtet werden. Die Bezeichnung steht bei
Fromm (nach eigenem Bekunden) für den Begriff des »sado-maso-
chistischen Charakters«, was damit begründet wird, dass sich der
sado-masochistische Mensch durch eine besondere Beziehung zur
Autorität auszeichne: »Er bewundert die Autorität und neigt dazu,
sich ihr zu unterwerfen, möchte aber gleichzeitig selbst Autorität
sein, der sich die anderen zu unterwerfen haben«.[17] Die Kategorie
der Autorität wird jedoch nicht als Eigenschaft des Einzelnen begriffen, sondern als »zwischenmenschliche Beziehung, bei der der
eine den anderen als ihm überlegen betrachtet«.[18] Vor allem aber gilt
in diesem Zusammenhang, dass »autoritärer Charakter« die Persönlichkeitsstruktur benennt, welche »die menschliche Grundlage
des Faschismus bildet«.[19]

Fromm hebt dabei unterschiedliche Aspekte der Autorität hervor. Die Autorität müsse z. B. »nicht unbedingt eine Person oder
eine Institution sein, die sagt: ›Du mußt das tun‹ oder ›Das darfst
du nicht tun‹. Man könnte diese Form als äußere Autorität bezeich-

nen, aber sie kann auch als innere Autorität: als Pflicht, Gewissen oder Über-Ich auftreten«.[20] Das gesamte moderne Denken vom Protestantismus bis hin zu Kant lasse sich, Fromm zufolge, letztlich als die Ersetzung der äußeren durch die internalisierte Autorität denken: »Durch die politischen Siege des aufsteigenden Bürgertums verlor die äußere Autorität an Ansehen, und das eigene Gewissen nahm den Platz ein, den diese innegehabt hatte, worin viele einen Sieg der Freiheit sehen. Sich (zum mindesten in religiösen Dingen) Anordnungen von außen zu unterwerfen, schien nun eines freien Mannes unwürdig. Dagegen sah man im Sieg über seine natürlichen Neigungen und in der ›Selbstbeherrschung‹, das heißt in der Beherrschung des einen Teils des Menschen – seiner Natur – durch einen anderen Teil seines Wesens – seine Vernunft, seinen Willen oder sein Gewissen – das Wesen der Freiheit.« Die Analyse zeige freilich, dass das *Gewissen* ein ebenso »strenger Zwingherr« sei wie äußere Autoritäten. Zudem erweise sie, dass »die Gewissensinhalte im letzten keine Forderungen des individuellen Selbst sind, sondern gesellschaftliche Forderungen, die die Würde ethischer Normen angenommen haben. Die Herrschaft des Gewissens kann sogar noch strenger sein als die äußeren Autoritäten, weil der Betreffende die Befehle seines Gewissens als ureigenste erfährt. Wie aber kann jemand gegen sich selbst rebellieren?«[21]

Die *pure* Erscheinungsform des autoritären Charakters ist in der realen Welt selten, wenn überhaupt je, vorzufinden. Die »realen« Erscheinungsformen können darüber hinaus trügen. Fromm weist darauf ausdrücklich hin, indem er auf gewisse Neigungen des autoritären Charakters, sich der Autorität zu widersetzen und gegen

Einflüsse »von oben« zu wehren, eingeht. Solcher Widerstand sei zuweilen solchermaßen dominant, dass er den äußeren Ausdruck der Unterwerfung bis zur Unkenntlichkeit verwische. Dieser Typ des autoritären Charakters widersetzt sich stets irgendeiner Autorität, ohne wahrzunehmen, wann er dabei sogar seinen eigenen Interessen zuwider handelt. Andere haben ein gespaltenes Verhältnis zur Autorität; sie lehnen sich gegen eine bestimmte Autorität auf (besonders gegen eine, die sich wider Erwarten als schwach entpuppt hat), um sich einer anderen, die ihre »masochistischen Sehnsüchte« besser zu erfüllen vermag, zu unterwerfen. Es gibt zudem jenen autoritären Charakter, der seine Auflehnungsneigungen vollkommen verdrängt, sodass diese nur a posteriori in Form von Hassgefühlen gegenüber der Autorität auszumachen sind, besonders dann, wenn deren Macht schwindet und sie zu stürzen droht.

Wenigstens bei der ersten Kategorie handelt es sich, Fromm zufolge, um Menschen mit einem vermeintlich stark ausgeprägten Unabhängigkeitsbedürfnis, Menschen, die mutig gegen jene Machthaber und Autoritäten ankämpfen, die der Erfüllung dieses Bedürfnisses im Wege zu stehen scheinen. Der Schein trügt freilich, denn der Kampf des autoritären Charakters gegen die Autorität wurzelt wesentlich im »Trotz«.[22] Es handelt sich um den Versuch, das Gefühl der Ohnmacht zu überwinden, ohne dass dabei das (bewusste, vor allem aber eben unbewusste) Bedürfnis, sich der Autorität zu unterwerfen, tatsächlich bewältigt würde: »Ein autoritärer Mensch ist niemals ein ›Revolutionär‹, lieber würde ich ihn einen ›Rebellen‹ nennen. Viele Menschen und viele politische Bewegungen sind dem oberflächlichen Beobachter ein Rätsel, weil sie anscheinend uner-

klärlicherweise vom ›Radikalismus‹ zu einem äußerst autoritären
Gehabe hinüberwechseln. Psychologisch handelt es sich bei solchen
Menschen um typische ›Rebellen‹.« Die Einstellung des autoritären
Charakters zum Leben, seine gesamte Weltanschauung werde von
seinen emotionalen Strebungen bestimmt. Er habe eine ausgeprägte
Vorliebe für Lebensbedingungen, welche die menschliche Freiheit
einschränken, er liebe es, sich dem Schicksal zu unterwerfen. Was
dabei unter »Schicksal« verstanden wird, hänge primär von der
gesellschaftlichen Stellung des autoritären Charakters ab: »Man
kann Schicksal philosophisch als ›Naturgesetz‹ oder als ›Los des
Menschen‹, religiös als ›Willen des Herrn‹ oder moralisch als ›Pflicht‹
rationalisieren – für den autoritären Charakter ist es stets eine höhere
Macht außerhalb des einzelnen Menschen, der sich jeder nur unterwerfen kann. Der autoritäre Charakter verehrt die Vergangenheit.
Was einmal war, wird in alle Ewigkeit so bleiben. Sich etwas noch
nie Dagewesenes zu wünschen oder darauf hinzuarbeiten, ist Verbrechen oder Wahnsinn. […] Der Mut des autoritären Charakters
ist im wesentlichen ein Mut, das zu ertragen, was das Schicksal oder
ein persönlicher Repräsentant oder ›Führer‹ für ihn bestimmt hat.
[…] Nicht das Schicksal zu ändern, sondern sich ihm zu unterwerfen,
macht den Heroismus des autoritären Charakters aus.«[23]

Es fragt sich freilich, inwieweit diese Kategorien historisch ihre
Gültigkeit bewahrt haben. Denn wenn die äußere Autorität seit
der frühen Neuzeit in der Tat an Ansehen verloren hat, das eigene
Gewissen dabei zunehmend an ihren Platz getreten ist; wenn zu-
dem das »eigene Gewissen« als verlängerter Arm gesellschaftlicher
Transformation zu begreifen ist, diese Transformation aber eine

Liberalisierung der althergebrachten Kontroll- und Dressurformen des Individuums gezeitigt, das eigene Gewissen mithin seine frühere bürgerliche Funktion des »strengen Zwingherrn« eingebüßt hat, stellt sich die Frage, wie es mit den Autoritätsgebilden heutiger westlicher Gesellschaften bestellt sei, bzw. ob der klassische Begriff der autoritären Persönlichkeitsstruktur als »menschliche Grundlage des Faschismus« aufrechterhalten werden kann.

Die veränderte Weltlage seit dem Zusammenbruch des osteuropäischen Kommunismus hat mitnichten etwas am Wesen des Kapitalismus geändert, lediglich, dass er nunmehr das gesamte »Spielfeld« im Weltmaßstab für sich beanspruchen kann. Das Gerede von »Globalisierung« bedient da vor allem einen neoliberal motivierten Nomenklaturdiskurs, dessen primäre Funktion sich in der ideologischen Kaschierung einer objektiven, weltumspannenden Barbarei erschöpft, bei der große Teile der Menschheit (real oder potenziell) zugrunde gehen, dabei aber medial in die westliche Gleichheitsideologie »kultureller« Globalisierung einbezogen werden: multikulturelle Identitätsdiskurse als Ersatz für die Erörterung (geschweige denn Bekämpfung) struktureller Ursachen von weltweitem Massenelend. Festzuhalten gilt es darüber hinaus, dass auch innerhalb der entwickelten westlichen Gesellschaften die Logik des Kapitalismus weiterhin strukturelles Elend produziert: Nicht nur kommt der immens angestiegene Wohlstand mitnichten allen ihren Mitgliedern zugute; nicht nur gibt es auch in ihnen horrende, mit dem Zusammenbruch traditioneller sozialer Wohlfahrt zunehmende Armut, sondern der in ihnen historisch erlangte Stand der Produktionsmittel bewirkt nicht die nunmehr objektiv möglich gewordene Reduktion entfremdeter Arbeit; vielmehr wird, unter Beibehaltung struktureller Arbeitslosigkeit, die Konkurrenz auf dem Arbeitsmarkt perpetuiert, mithin entfremdete Arbeit selbst mutatis mutandis zum »begehrten« Ziel erhoben. Die in den letzten Jahren merklich angestiegene Fremdenfeindlichkeit, das grassierende ethnische Vorurteil und kruder Rassismus weisen eine klare Affinität zu diesen strukturbedingten Widersprüchen auf. Dort, wo faschistische bzw. neonazistische Bewegungen *real* noch am Werk sind, geben autoritäre Persönlichkeitsstrukturen deutlich die »menschliche Grundlage« für die Ausrichtung ihrer Mitglieder ab.

Aufgrund dieser Darlegungen zur immanenten Verschwisterung von Psychoanalyse und dem Politischen sollen im Folgenden Aspekte dieser Verschwisterung expliziert und erörtert werden. Zunächst wird der heutige Stand der Psychoanalyse im Hinblick auf ihren emanzipativen Wahrheitsanspruch durchleuchtet, sodann auf die bereits angerissene Synthese des Denkens von Marx und Freud mit besonderem Blick auf deren Kulturbegriffe eingegangen. Gefolgt wird dies von zwei Exkursen über die Religionskritik Freuds, zum einen im allgemeinen Kontext des religionskritischen Diskurses der Moderne, zum anderen explizit im diesbezüglichen Vergleich von Freud mit Kant. Zum Abschluss wird als Fallbeispiel die Wirkmächtigkeit dreier Kategorien des Freud'schen Denkens auf die politische Kultur Israels nachgewiesen, und zwar im Hinblick auf (die Ideologisierung von) Angst, Schuld und Verdrängung. Ein gesondertes Kapitel ist dem Versuch gewidmet, die Ermordung des israelischen Premierministers Jitzchak Rabin im Jahre 1995 mittels der psychoanalytischen Kategorie des »Vatermords« zu deuten. Die

Klärung, um welchen Vatermord es sich dabei gehandelt haben mag,
sei dem Schluss dieses Kapitels vorbehalten.


## Anmerkungen

1. Siehe hierzu die beeindruckende Arbeit von Andreas Peglau, *Unpolitische Wissenschaft?*
   *Wilhelm Reich und die Psychoanalyse im Nationalsozialismus*, Gießen 2013
2. Der Freudomarxismus wäre imstande, mittels der auf Marx und Freud basierenden
   Ideologiekritik die Ideologie der Absage an die Kritik des Bestehenden entlarvend
   auszuleuchten, mithin das nach dem Ende des Kalten Krieges aufgekommene Interesse der neuen Welthegemonie, den Ansatz des Freudomarxismus auszutrocknen
   und verschwinden zu lassen, zu erklären.
3. Theodor W. Adorno, Erziehung nach Auschwitz, in: ders., *Erziehung zur Mündigkeit*,
   Frankfurt/Main 1971, S.88
4. Peter Sloterdijk, Die Kritische Theorie ist tot, in: *Die Zeit*, Nr. 37 (1999), S.35f.
5. Theodor W. Adorno, Resignation, in: ders., *Kritik. Kleine Schriften zur Gesellschaft*,
   Frankfurt/Main 1971, S.147
6. Theodor W. Adorno, Spätkapitalismus oder Industriegesellschaft?, in: ders., *Gesell-
   schaftstheorie und Kulturkritik*, Frankfurt/Main 1975, S.158
7. *Ebd.*, S.164
8. *Ebd.*, S.158f.
9. *Ebd.*, S.165
10. *Ebd.*, S.161
11. Theodor W. Adorno, *Studien zum autoritären Charakter*, Frankfurt/Main 1973 (1950), S.1.
12. *Ebd.*, S.2f.
13. *Ebd.*, S.5
14. *Ebd.*, S.7
15. Erich Fromm, *Lesebuch*, hrsg. v. Rainer Funk, Stuttgart 1985, S.23f.
16. Adorno, *Studien*, S.8
17. Erich Fromm, *Die Furcht vor der Freiheit*, Frankfurt/Main – Berlin 1983 (1941), S.144
18. *Ebd.*, S.145
19. *Ebd.*, S.144
20. *Ebd.*, S.146
21. *Ebd.*, S.147
22. *Ebd.*, S.148f.
23. *Ebd.*, S.149f.

# Ist die Psychoanalyse veraltet?

In seinem Buch »Zweihundert Jahre phantastische Malerei« hat der Kunsthistoriker Wieland Schmied hinsichtlich der Beziehung Salvador Dalis zur historischen Surrealismus-Bewegung folgende bemerkenswerte Feststellung getroffen: »Die historische Rolle, die Dali in der Gruppe der Surrealisten gespielt hat, besteht darin, daß er sie als einziger wirklich beim Wort genommen – und ad absurdum geführt hat«. Er, Dali, sei es gewesen, der ihr Glaubensbekenntnis, die Definition des Surrealismus im Ersten Surrealistischen Manifest, auf die Probe gestellt habe. In jenem Manifest hatte André Breton im Jahre 1924 geschrieben, der Surrealismus sei »Denk-Diktat ohne jede Vernunft-Kontrolle und außerhalb aller ästhetischen oder ethischen Fragestellungen«, und diese nun sei die Formulierung gewesen, auf die sich Dali berufen habe, »als er den Surrealisten schon anfangs (aber zu Unrecht) als Koprophage suspekt war – er hatte in sein Bild ›Le Jeu Lugubre‹ (1929) sehr deutlich und genuß-voll Kot hingemalt –, vor allem aber, wenn er Figuren seiner Bilder als ›Hitlerische Amme‹ zu deuten begann und man, wenn auch in noch so grotesken Verschlüsselungen, seine absurde Hommage an Hitler nicht mehr übersehen konnte«.[1]

Als es dann zur internen »Prozeßverhandlung« kam, berief sich Dali auf »die bewußt ausgeschlossene Kontrolle durch Prinzipien der Moral, auf die *ecriture automatique*, auf das Diktat der Träume – er habe diese Figuren gesehen, sie seien ihm im Traum, in Halluzina-tionen erschienen«, und so sei es also nicht verwunderlich, wenn sie nunmehr ihren Platz auf der Leinwand fänden. Marcel Jean, einem Zeugen der Verhandlung, zufolge, soll Dali behauptet haben: »Ich übertrage meine Träume, und ich habe deshalb nicht das geringste Recht, eine bewußte Kontrolle über ihren Gehalt auszuüben. Ist es mein Fehler, wenn ich von Hitler oder dem ›Angelus‹ von Millet träume?« Zurecht meint Schmied: »Seine Erklärung war korrektester Surrealismus.« Gleichwohl hätten die Surrealisten diese Erklärung nicht gelten lassen; sie verwarfen Dalis Verteidigung: »Mit Hitler, mit dem Faschismus wollten sie unter gar keinen Umständen auch nur das geringste zu tun haben.«[2]

Dali wurde also ausgeschlossen. Auf die Verurteilung hat er freilich gelassen reagiert: Der Unterschied zwischen den Surrealisten und ihm sei der, dass er Surrealist sei. Schmied meint dazu: »Nimmt man den Surrealismus der Manifeste, lag der Witz Dalis darin, daß er recht hatte«, fügt jedoch kommentierend hinzu: »Aber der Surrealismus war schon damals – zehn Jahre nach dem ›Ersten Manifest‹ – nicht mehr der der Definitionen Bretons. Dalis Ausschluß war ›eine Stunde der Wahrheit‹. In dieser Stunde zeigte sich deutlich, dass die programmatischen Definitionen Bretons unzureichend sind, das gewachsene komplexe Phänomen des Surrealismus zu erfassen. Indem er sich historisch entfaltet hatte, war der Surrealismus etwas anderes geworden als das, was Breton postuliert hatte. Indem er gewachsen war, hatte er mit jeder Realisation zugleich nicht realisierte Möglichkeiten vertan«.[3]

Dalis augenzwinkernde Beteuerung, der wahre Surrealist sei er, und nicht seine Widersacher (die eigentlichen Begründer und Theoretiker der Bewegung), erwächst aus einem Zustand, bei dem die Urheber der Maxime gewordenen Idee sich als unfähig erweisen, ihren eigenen theoretischen Forderungen nachzukommen – sie lässt an das Unstimmigkeitsverhältnis zwischen dem radikal vorgestellten Anspruch auf eine Konventionsüberwindung und dem gerade von Konventionsbehaftung geprägten Versuch seiner praktischen Verwirklichung denken. Im anstehenden Zusammenhang nimmt sozusagen die Vorstellung vom Kot als ästhetisch wertfreiem Gegenstand der malerischen Darstellung den Stellenwert einer nicht von vornherein eingestandenen Gegenposition zur nachmalig »wertfrei« vollzogenen Tathandlung, die da den Kot auf die Leinwand tatsächlich erscheinen lässt, an. In diesem bestimmten Sinne darf denn auch Schmied Dalis Ausschluss als »eine Stunde der Wahrheit« deuten: Denn Dali entlarvte gewissermaßen die Unzulänglichkeit der »programmatischen Definitionen« aus der Gründerzeit für die spätere konkrete Erfassung des »gewachsenen komplexen Phänomens des Surrealismus«. Er veranschaulichte das Versagen der Doktrin hinsichtlich der ihr obliegenden Aufgabe, einen genuin gewachsenen Bezug zu den Manifestationen dessen, was sich nachmalig für »Surrealismus« ausgeben wird, herzustellen. Praxisgerecht ausgedrückt: ihr Unvermögen, diese Manifestationen prognostizieren zu können.

Dass sich der Surrealismus zum damaligen Zeitpunkt durch seine historisch gewachsene Entfaltung von den ursprünglichen Postulaten Bretons objektiv wegentwickelt hatte, dass er zudem »mit jeder Realisation zugleich nicht realisierte Möglichkeiten vertan« hatte, will den Anschein erwecken, als habe Dali ohnehin, wenn schon keinem handfesten Anachronismus, so doch zumindest einer zusehends unzeitgemäß anmutenden Doktrin das Wort geredet. Dies mag vor allem zum besseren Verständnis der damals herrschenden Situation der Kultur registriert werden, ist im Übrigen aber auch für die nun folgenden Darlegungen von einiger Bedeutung.

Denn es prallt hier die Konsequenz einer theoretisch gefassten, praktischem Bezug zunächst abgewandten Doktrin auf die praktische Umsetzung ebendieser Doktrin im Kontext einer sich solch radikaler »Unvoreingenommenheit« objektiv entziehenden Realität. Die Idee und deren entäußerte Verwirklichung stehen sich dichotomisch gegenüber – das Problem von Theorie und Praxis erhebt sich vor uns in vollem Umfang seiner Ambiguität: Hat Dalis schelmisches »Beim-Wort-Nehmen« der surrealistischen Doktrin, sein »Auf-die-Probe-Stellen« des Glaubensbekenntnisses der Bewegung, diese tatsächlich »ad absurdum« geführt? Oder hat die sich in historischer Unmittelbarkeit manifestierende »Realität« dem Anspruch ihrer wahrheitsgerechten epistemischen Durchdringung ein Veto gesetzt? Konkreter: Hat Dalis konsequent eingestandene Affinität zu Hitler – und sei es zur Metapher »Hitler« – das jegliche »Vernunft-Kontrolle« und alle »ästhetischen oder ethischen Fragestellungen« abschlagende »Denk-Diktat« des Surrealismus gründlich widerlegt, das heißt: der praktischen Unbrauchbarkeit überführt? Oder sollte man eher meinen, das historisch gewachsene Auftreten Hitlers habe der linearen Vorstellung von einer Befreiung des Menschen im real obwaltenden Geschichtsprozess – und somit also auch der sich emanzipatorisch verstehenden Ausrichtung der surrealistischen Theorie – gleichsam »objektiven« Einhalt geboten?

Kein leichtes, womöglich auch nicht eindeutig entscheidbares Problem. Denn es impliziert die Konfrontation der ihm immanenten

Grundfrage: Kann (oder sollte gar) Praxis als Gültigkeitskriterium einer der Praxis vorangestellten Theorie herangezogen werden? Genauer und schärfer noch: Kann (oder sollte) Praxis – verstanden als eine sich »objektiv« manifestierende historische Realität einerseits, aber eben auch als bewusst unternommener Versuch äußerlicher Verwirklichung einer theoretisch projizierten Idee andererseits – zum Maßstab der »Stimmigkeits«-Bewertung einer der Theorie einwohnenden ethischen (oder ästhetischen) Maxime erhoben werden?

Die Antwort hierauf berührt zwangsläufig eine dieser Fragestellung eng verwandte Problematik, die sich mit dem Begriff des »Möglichen« befasst. Es sei in diesem Zusammenhang an Ernst Blochs Diktum verwiesen: »Denkmöglich ist alles, wobei überhaupt etwas als in Beziehung stehend gedacht werden kann, doch darüber hinaus gilt *für alle weiteren Arten* des Kannseins: *Mögliches ist partiell Bedingtes*, und nur als dieses ist es möglich«.[4] Versteht man unter »allen weiteren Arten des Kannseins« zunächst die Auswirkungsmöglichkeiten praktischen Handelns, so fällt die scharfe Sonderung des Denkmöglichen vom Bereich des Handlungsmöglichen ins Auge: Nicht nur wird dem Denken – als philosophische Praxis zumal – eine nahezu autonome Sphäre bescheinigt, sondern es wird auch der Spielraum des Denkbaren einer Beschränktheit des real Umsetzbaren implizit gegenübergestellt. Darüber hinaus wird aber vor allem die Unbedingtheit des Denkens in kontrastierendem Gegensatz zur Bedingtheit des Handlungsmöglichen hervorgehoben. Es ist dies ein Postulat, dem der Gedanke innewohnt, Bedingtheit, soweit erfassbar, lasse sich von vornherein *denkend*, nur begrenzt jedoch im Nachhinein *handelnd* überwinden.

Die hier analytisch zum Ausdruck gebrachte Trennung der Idee vom handelnd unternommenen Versuch ihrer praktischen Umsetzung lässt an eine implizit vorausgesetzte Autonomie der in der Idee angelegten ethischen Forderung gegenüber den praktischen Gestaltungen ihrer Verwirklichung denken. Das dürfte wohl kaum Sache des mit der Kategorie des »Prinzips Hoffnung« als Motivations- und Handlungsträger operierenden Philosophen Ernst Bloch sein. Nicht die Souveränität des Denkmöglichen, sondern eben doch »alle weiteren Arten des Kannseins« als geschichtlich »partiell Bedingtes« sind primärer Gegenstand seiner historiosophischen Erörterung.

Dieser Begriff einer immanent wechselläufigen Bedingtheit von Theorie und Praxis formuliert sich bei Max Horkheimer als Alternative zur bestimmten Festlegung auf einen der herkömmlichen philosophischen Standorte: »Das Verhältnis von Praxis und Theorie ist anders, als es sowohl dem Relativismus wie der absoluten Wertlehre gemäß sich darstellt. Die Praxis bedarf dauernd der Orientierung an fortgeschrittener Theorie. Die Theorie, auf die es ankommt, besteht in der möglichst eindringenden und kritischen Analyse der historischen Wirklichkeit, nicht etwa in einem Schema abstrakter Werte, von dem man versichert, daß es konkret und ontologisch begründet sei. Die Darstellung und kritische Analyse der Wirklichkeit, von der die Praxis jeweils begeistert wird, ist vielmehr selbst durch praktische Impulse und Strebungen bestimmt«.[5] Darauf fußend postuliert Horkheimer: »Es gibt weder eine von praktischen Tendenzen freie Vorstellungswelt, noch selbst eine isolierte, von Praxis und Theorie freie Wahrnehmung. Die Metaphysik der Tatsache hat vor der des absoluten Geistes nichts voraus.« Und gelangt so zu dem Schluss: »Wir können unsere praktischen Impulse als relativierende Faktoren unseres Handelns ansetzen oder als objektive Normen an einen Ideenhimmel aufhängen, stets wird, selbst beim philosophischen Geschäft der Relativierung und Idealisierung, ein willensmäßiges, subjektives Moment unmittelbar gegenwärtig sein«.[6]

Eine so verstandene dialektische Verzahnung von Theorie und Praxis stellt freilich für die Erörterung der hier allegorisch begriffenen Surrealismus-Dali-Kontroverse ein neuerliches Problem dar: Die von Dali »willensmäßig«, im Sinne strikter Befolgung der surrealistischen Doktrin aufrechterhaltene »Willenslosigkeit« gegenüber Erscheinungen und Mechanismen seines eigenen Unbewussten kollidiert unentrinnbar mit der ebenfalls »willensmäßigen«, von den Urhebern der Doktrin also *bewusst* verlangten Beschränkung einer vollen und unbegrenzten Entfaltung ebendieser von ihnen ins Leben gerufenen Doktrin. Der Akt der nachmals geforderten Einengung enthebt augenscheinlich die Doktrin ihres Gültigkeitsanspruches, indem er die ursprünglich verheißene Kompromisslosigkeit geradewegs durchbricht: Dali, das erst spät hinzugekommene Mitglied der Surrealisten-Bewegung, wird zum Sachwalter ihrer bedeutungsschwersten Maxime und bringt gerade dadurch die Väter der Bewegung in den Zugzwang der Revision. Eine falsche Maxime also? Eine unhaltbare Doktrin?

Nicht notwendig falsch, womöglich aber doch unhaltbar. Denn letzlich läuft Horkheimers Forderung nach einer Dauerorientierung an »fortgeschrittener Theorie«, die sich bei ihm als »möglichst eindringende und kritische Analyse der historischen Wirklichkeit« versteht, auf die fortwährende Revision der Theorie im Hinblick auf

Strukturveränderungen der Praxis hinaus. Von großer Bedeutung
ist hierbei freilich, dass sich die praxisbezogene Modifikation der
Handlungsdoktrin nicht zwangsläufig als implizite Modifikation
der ihr eigenen normativ-ethischen Ausrichtung zu begreifen hat.
Es sei dies unter dem nun folgenden Gesichtspunkt erörtert: Die
theoretische Einsicht in die Beschaffenheit einer Sphäre der Wirklichkeit bringt keine zwangsläufige Akzeptanz des So-Seins dieser
Sphäre mit sich – ontologische Erkenntnis wirkt sich mitunter nicht
notwendig als eine fügsame Hinnahme des objektiv Vorwaltenden
aus. Gemeint ist hierbei nicht Realitätsflucht im Sinne psychischer
Verschließung, sondern die bewusste Verweigerung eines Sich-
Abfindens mit der so gearteten Realitätsbeschaffenheit: Erkennung
und Anerkennung der Realität bedingen sich eben nicht a priori.

Von dieser Warte aus lässt sich die eindeutige Distanzierung
der Surrealisten von Dalis Hitler-Affinität mit ihrer Absage an
jegliche ethisch oder ästhetisch begründete Konventionsbehaftung
durchaus in Einklang bringen – dann nämlich, wenn man ihre kategorische Forderung einer Loslösung von der Vernunft-Kontrolle
im Hinblick auf einen sie bestimmenden Zweck – auf eine wertende
Maxime also – deutet: Das Emanzipationspostulat des Surrealismus
ist zunächst als eine »Reaktion« auf historisch Gewordenes, als eine
normativ begründete Ablehnung bestehender Gesellschafts- und
Kulturverhältnisse entstanden. Selbst also, wenn man die *Écriture
automatique* als bloße Aufzeichnung von Absonderlichkeiten im
Unbewussten begreift, erfordert die vorgeblich ohne Kontrolle
entstandene, für unbeteiligte Dokumentation ausgegebene »Aufzeichnung« eine wie immer geartete Stellungnahme des doktrinären

Chronisten hinsichtlich des Aufgezeichneten: In den Augen der Surrealisten kann es Dali nicht mit einer »objektiven« Deklaration seiner ehrlich entschlüsselten Affinität zu »Kot« und »Hitler« bewenden lassen – er muss Farbe bekennen, muss diesem Umstand *moralisch* Rechnung tragen.

Dali selbst scheint sich dieses Prinzips bewusst gewesen zu sein: Er gab späterhin seine künstlerische Ausrichtung als zwar »paranoische«, zugleich aber auch »kritische Methode« aus. Etwas großspurig sprach er von »einer spontanen Methode irrationaler Erkenntnis, die auf der kritisch-interpretierenden Assoziation von Phänomenen des Deliriums« fuße. Man mag sich gleichwohl fragen, ob die »Erkenntnis« so ausschließlich »spontan« und »irrational«, ob das Chaos des Assoziierten nicht doch auch komponiert, seine Imaginationen nicht auch literarisch durchdacht waren. Wie dem sei, eines lässt sich mit Sicherheit behaupten: Deutet man die sich der »Vernunft-Kontrolle« versagende künstlerische Produktion als via regia, als Mittel also, nicht als Zweck, so entzieht sich das Produkt solch automatischer »Aufzeichnung« keineswegs der *nachmaligen* »Bearbeitung« durch Sinn-, Wert- und Formgebung. Das Werk (das Kunstwerk zumal, aber eben auch das Werk der Theorie) fügt sich somit in den historischen Kontext seiner Entstehung ein, wird von diesem hinsichtlich seiner Bedeutungswelt gleichsam vereinnahmt und entscheidend geprägt. Im besagten historischen Zusammenhang lässt sich das Phänomen »Hitler« eben weder konkret-politisch noch von seiner ikonischen Gestaltung her wertneutral rezipieren. Die Kontroverse zwischen Dali und den Surrealisten hat, so besehen, beschränkteren Charakter, als es zunächst scheinen mag: Sie bezieht sich vornehmlich auf den Rezeptionsmodus dessen, was von der *Écriture automatique* hervorgebracht worden ist, nicht aber (zumindest theoretisch nicht) auf das Hervorgebrachte selbst und schon gar nicht auf die Zulässigkeit einer so bewerkstelligten Hervorbringung.

Die Erörterung dieser vom historischen Kontext bedingten Bedeutung der Debatte gewinnt indes an Brisanz, sobald man sie der gleichsam ahistorischen, mithin der unmittelbaren geschichtlichen Entwicklung enthobenen ethischen Matrix, die dem theoretischen Postulat zugrunde liegt, gegenüberstellt. Zur eindringlichen Veranschaulichung eines solchen Blickwinkels der Erörterung sei auf die schon Mitte der 1960er-Jahre verfassten Gedanken Herbert Marcuses zu dem von ihm sogenannten »Veralten der Psychoanalyse« erinnert. »Wenn die fortschreitende Industriegesellschaft und ihre Politik das Freud'sche Modell des Individuums und seiner Beziehung zur Gesellschaft haben hinfällig werden lassen, wenn sie die Kraft des Individuums, sich von den andern abzulösen, ein Selbst zu werden und zu bleiben, untergraben haben, dann beschwören die Freud'schen Begriffe nicht nur eine hinter uns liegende Vergangenheit, sondern auch eine neu zu gewinnende Zukunft«.[7] Dies bedeute, so der diese Feststellung treffend ergänzende Kommentar des Philosophen Helmut Holzhey, dass die psychoanalytische Theorie nicht bloß wahr sei, indem sie den repressiven Charakter gesellschaftlicher Veränderungen offenbare, »sie kann vielmehr diese Funktion nur haben bzw. bekommen, weil sie selbst eine ›Theorie‹ wahren Fortschritts, d. h. einer gesellschaftlichen Entwicklung, wie sie sich abspielen *sollte*, ist bzw. eine solche ›Theorie‹ impliziert«.[8] Folglich erkläre sie weniger das, was ist, sondern fordere eher das, was sein sollte, namentlich: »Ihre wissenschaftliche Unwahrheit ist ihre unwissenschaftliche Wahrheit«.[9]

Dies will wohlverstanden sein: Es ist gerade die »objektiv« begriffene Überlebtheit der Theorie im Angesicht der real verlaufenden historischen Praxis, die den Anspruch der Theorie auf potenzielle Gültigkeit unterstreicht, ja sogar steigert. Die »wissenschaftlich« fixierbare Entartung des im utopischen Entwurf Vorgestellten lässt die Theorie die Funktion eines Gegenpols zur Praxis annehmen, und dies – paradox genug – gerade als Ergebnis einer durch die historischen Voraussetzungen der Praxis in Gang gesetzten Entwicklung.[10] Unter diesem Gesichtspunkt fasst denn Holzhey Marcuses Ortsbestimmung der Psychoanalyse in der Gesellschaft zusammen: Die Psychoanalyse »ist eine angesichts der Weiterentwicklung der Gesellschaft in wesentlichen Punkten veraltete Konzeption. *Psychoanalyse ist also relativ auf die Gesellschaft.* Angesichts der konkreten Tendenz der gesellschaftlichen Entwicklung bleibt aber die veraltete psychoanalytische Theorie ›wahr‹. Diese Behauptung folgt im Blick auf ihre *praktisch-normative* oder *›politische‹ Funktion für die Gesellschaft.* Eine solche Funktionsbestimmung hat einen Gesellschaftsentwurf zur Voraussetzung.«[11]

Holzhey zufolge benutzt nun Marcuse die psychoanalytische Theorie zur Durchführung eines solchen Gesellschaftsentwurfes. Denn die Einsichten dieser Theorie seien und blieben vornehmlich der *Anlass zu kritischer Distanzierung von der bestehenden Gesellschaftsordnung.*[12] Das muss freilich eingeschränkt werden: Der Gesellschaftsentwurf, vor allem aber das Bild des Individuums in der neuen Gesellschaft, kann in seinem Da- und So-Sein psychoanalytisch nur gerechtfertigt werden, wenn das psychoanalytische Modell durch die Aufdeckung sozio-historischer Komponenten relativiert wird, und da diese insgesamt negiert werden, die neue Gesellschaft nämlich auf der »ursprünglichen« Natur der Triebe und ihrer »ursprünglichen« Befriedigung aufbauen soll, sind es gerade die biologisch-psychologischen Komponenten der psychoanalytischen Theorie, die Marcuses Utopie rechtfertigen. Von daher auch die provokant anmutende Schlussfolgerung: »*Die Historie in ihrer Gänze ist ›unwahr‹*; und die Psychoanalyse soweit ›unwahr‹, als sie sich am historisch Gewordenen und Gegebenen orientiert.«[13] Diese »radikal ungeschichtliche Auffassung der Psychoanalyse« bildet andererseits aber auch genau jene Basis, »auf der ihre *radikal kritische Funktion*, ihre Opposition gegen die herrschende Gesellschaftsform« behauptet werden kann[14], und darauf komme es ja Marcuse letztlich an: die Freud'sche Theorie auf diese Funktion hin zu schärfen.

Das Paradoxon der Konfrontation zwischen Dali und den Surrealisten mag, so besehen, exemplarisch vorführen, wie es dazu kommen kann, dass die konsequent betriebene Umsetzung der Theorie einer kritischen Distanzierung von der gesellschaftlichen Konvention (der Surrealismus also) in einem bestimmten historischen Kontext (im Kontext des in Europa aufsteigenden Faschismus) reaktionäre Züge annehmen kann, wobei unter »reaktionär« antiemanzipatorisch zu verstehen wäre. Anders gesagt: Von emanzipatorischer Warte erfordert der historische Kontext die Revision der kritischen Theorie, auf dass sie sich der ihr nunmehr innewohnenden antiemanzipatorischen Implikationen zu entledigen vermag. Erweist sich dann aber nicht der Akt der Revision als reaktionär? In formaler Hinsicht schon, nicht aber wesentlich, denn die ethische Grundlage der Theorie, ihre human-ethische Matrix, wird ja dabei keineswegs aufgegeben. Ganz im Gegenteil. Die ethische Matrix des Sozialismus etwa, der humane Anspruch auf die Emanzipation des Menschen, wird, unter diesem Gesichtspunkt, weder durch den sogenannten realen Sozialismus, samt seiner strukturell kranken Auswüchse, noch durch seine extreme Revision, die potenziell lauernde sogenannte »Befreiung« vom Sozialismus in Richtung auf eine neoliberal-kapitalistische Gesellschaftsformation hin, wirklich angetastet, geschweige denn widerlegt. Man könnte sagen: Das Prinzip Hoffnung in seiner Bedeutung als ein ethisches Prinzip verliert letztlich nie seine Gültigkeit, solange zumindest nicht, wie keine wirkliche Emanzipation des Menschen sich vollzogen hat. Gleiches darf mit nicht minderer Emphase von der emanzipativen Ausrichtung der Psychoanalyse behauptet werden. Das ihr implizite Seinsollende ist die zu wahrende Wahrheit in einer Welt, die sich, dem Primat des Bestehenden verschreibend, meint, sich dieser Wahrheit entledigen zu sollen.

# Anmerkungen

1.   Wieland Schmied, *Zweihundert Jahre phantastische Malerei*, Bd. 2, München 1980, S.87
2.   *Ebd.*, S.88
3.   *Ebd.*
4.   Ernst Bloch, *Das Prinzip Hoffnung*, Frankfurt/Main[7] 1980, Bd.1, S.260
5.   Max Horkheimer, Ideologie und Wertgebung, in: *Soziologische Forschung in unserer Zeit: ein Sammelwerk*, Köln 1951, S.225
6.   *Ebd.*
7.   Herbert Marcuse, Das Veralten der Psychoanalyse, in: ders., *Kultur und Gesellschaft*, Bd.2, Frankfurt/Main 1965, S.105
8.   Helmut Holzhey, Psychoanalyse und Gesellschaft – Der Beitrag Herbert Marcuses, in: *Psyche*, Stuttgart 1970, Heft 3, S.196f.
9.   *Ebd.*, S.197
10.  *Ebd.*, S.194f.
11.  *Ebd.*, S.195
12.  *Ebd.*, S.198f.
13.  *Ebd.*, S.206
14.  Herbert Marcuse, *Triebstruktur und Gesellschaft. Ein philosophischer Beitrag zu Sigmund Freud*, Frankfurt/Main 1965, S.239

# Kulturbegriff bei Marx und Freud

Wie bereits in der Einleitung dieses Buches angeführt, war es für die epistemische Bandbreite der Psychoanalyse von gravierender Bedeutung, dass sie (im Denken der Frankfurter Schule) eine theoretisch begründete Synthese mit dem Marxismus einging. Kultur – als Zivilisation, mithin als historische Gesellschaftsentwicklung gedacht – bildete in beiden Denkkörpern eine zentrale Kategorie. Der Erörterung des Begriffs von Kultur in diesen Denkparadigmata sei dieses Kapitel gewidmet.

Der Begriff der Kultur war stets durch eine Doppelwertigkeit gekennzeichnet. Bereits für die stoische Kulturphilosophie sonderten sich im Zuge der notwendigen Errichtung gesellschaftlicher Institutionen das Gebiet der »äußeren Technik« und das der so bezeichneten reinen »theoria« ab, um sich späterhin als gleichsam getrennte Sphären herauszubilden und zu entfalten. »Diese Scheidung des materiellen und des sittlichen Bereiches mag man als Vorform des Begriffsdualismus von Kultur und Zivilisation ansprechen«, heißt es denn auch im Diskursfeld der Frankfurter Denker in den 1950er-Jahren. »›Kultur‹ hat stets die Farbe von ›Geisteskultur‹ erhalten.« Zivilisation habe demgegenüber zunächst nicht ausschließlich materielle Kultur bezeichnet, sondern »den Umkreis der gesamten Menschheit«.[1]

In Deutschland hat Zivilisation ihre Begriffskarriere relativ spät begonnen. Während sich der Ausdruck in England und Frankreich bereits im 18. Jahrhundert einigermaßen voll entfaltete, erhielt er in Deutschland seine prägnante Bedeutung erst im 19. Jahrhundert, und zwar im Sinne einer »modernen Zivilisation«, welche »mit dem außerordentlichen Anwachsen der Bevölkerung seit der industriellen Revolution [...] und der damit zusammenhängenden Verstädterung, dann mit der Auflösung der traditionellen Ordnungen der Gesellschaft durch die ratio« in Zusammenhang gebracht wurde.[2] Dass sich eine solche Deutung von Zivilisation im Kontext der über den Westen hereinbrechenden Moderne durch eine spezifische ideologische Dimension auszeichnete, ist von Norbert Elias mit besonderer Schärfe herausgearbeitet worden. Elias erläuterte, wie sich der Begriff der »(hohen) Kultur« seit der zweiten Hälfte des 18. Jahrhunderts zur Parole wandelte, vermittels der sich die deutsche bürgerliche Intelligenz vom deutschen Adel einerseits, andererseits aber auch von der französischen Nation abzusetzen bemühte: »Kultur«, verstanden als Betätigungssphäre von Geistes- und Kunstschaffenden, wurde einerseits der weitgehend unproduktiven Oberflächlichkeit der Aristokratie, die nichts »schafft«, somit denn auch nichts zu »leisten« vermag, gegenübergestellt. Ebenso dem revolutionären Treiben und geistigen Tun der französischen bürgerlichen Elite – deren politische und wirtschaftliche Leistungen als Produkte schaler »civilisation«, den von Ernst und Tiefe getragenen Werken der als solchen apostrophierten deutschen »Kulturnation« diametral entgegengesetzt, verachtet wurden.[3]

»Kultur« fungierte demnach sowohl als Unterscheidungskategorie zwischen *materieller* Zivilisation und der diese gleichsam transzendierenden *geistigen* Kultur als auch als Kategorie einer mehrschichtigen Ideologisierung ebensolcher Unterscheidung.

Dass bei dieser ideologiebefrachteten Unternehmung auf westliche Geistesheroen vom Format eines Rousseau oder Kant – bei diesem freilich nur vermeintlich – rekurriert werden konnte,[4] unterstreicht nur die Komplexität des hier erörterten Problems. Denn nicht nur bediente die resolute Distinktion zwischen Kultur und Zivilisation das Selbstverständnis sich gegensätzlich entwickelnder europäischer Kollektive wie die des revolutionären Frankreichs und des revolutionsscheuen Deutschlands,[5] sondern es wurde mit ihr auch die historisch entstandene Arbeitsteiligkeit zwischen körperlicher und geistiger Arbeit hierarchisiert und im Sinne eines neu aufkommenden bürgerlichen Selbstverständnisses sozial sanktioniert. Dass dabei die realen sozialen Entstehungszusammenhänge der klassenmäßigen Zuordnung besagter körperlicher und geistiger Arbeit (im Sinne der Parole von »Besitz und Bildung«) verkannt wurden, verweist auf das übers subjektive Bewusstsein hinausgehende Ideologische dieser Distinktionsdiskurse. Es darf, so besehen, als Marx' historische Leistung gelten, dieses Problem kraft eines neuen, materialistischen Kulturbegriffs konzeptualisiert und im Hinblick auf den Ideologiecharakter idealistischer Kulturauffassung auf den Punkt gebracht, mithin die wesenhafte Unterscheidung von Zivilisation und Kultur als einer der ersten Sozialdenker im 19. Jahrhundert aufgehoben zu haben.

Eine komprimierte Zusammenfassung des Marx'schen Kulturbegriffs findet sich im Vorwort seiner Schrift »Zur Kritik der politischen Ökonomie« von 1859. In einem berühmt gewordenen Absatz erklärt Marx, sich auf seine bereits in den 1840er-Jahren unternommene »kritische Revision« der Hegel'schen Rechtsphilosophie beziehend: »Meine Untersuchung mündete in dem Ergebnis, dass Rechtsverhältnisse wie Staatsformen weder aus sich selbst zu begreifen sind noch aus der sogenannten allgemeinen Entwicklung des menschlichen Geistes, sondern vielmehr in den materiellen Lebensverhältnissen wurzeln, deren Gesamtheit Hegel, nach dem Vorgang der Engländer und Franzosen des 18. Jahrhunderts, unter dem Namen ›bürgerliche Gesellschaft‹ zusammenfaßt, daß aber die Anatomie der bürgerlichen Gesellschaft in der politischen Ökonomie zu suchen sei«.[6] Folgerichtig heißt es dann weiter: »In der gesellschaftlichen Produktion ihres Lebens gehen die Menschen bestimmte, notwendige, von ihrem Willen unabhängige Verhältnisse ein, Produktionsverhältnisse, die einer bestimmten Entwicklungsstufe ihrer materiellen Produktivkräfte entsprechen. Die Gesamtheit dieser Produktionsverhältnisse bildet die ökonomische Struktur der Gesellschaft, die reale Basis, worauf sich ein juristischer und politischer Überbau erhebt und welcher bestimmte gesellschaftliche Bewußtseinsformen entsprechen. Die Produktionsweise des materiellen Lebens bedingt den sozialen, politischen und geistigen Lebensprozeß überhaupt. Es ist nicht das Bewußtsein des Menschen, das ihr Sein, sondern umgekehrt ihr gesellschaftliches Sein, das ihr Bewußtsein bestimmt«.[7]

Zweierlei (miteinander freilich verschwisterte) Postulate, die für ganze Generationen marxistischer Exegese einen nahezu paradigmatischen Stellenwert einnehmen sollten, werden in diesen lapidaren Behauptungen von Marx deutlich: Zum einen wird in der Basis-Überbau-Metapher eine gewisse Determination aller abstrakten Formen kollektiven Zusammenlebens (wie Staat, Gesetz, politische

Parteien und dergleichen) durch die materielle Grundlage der ökonomischen Praxis festgestellt. Wie strikt – gar reduktiv – besagte
Determination zu verstehen und wie linear sie zu begreifen sei, gab
nach Marx Anlass zu zahllosen Debatten und diskursiven Erörte-
rungen.[8] Von besonderer Bedeutung scheint dabei die Erkenntnis
zu sein, dass die Dynamik von Basis und Überbau historisch stets
von einer dialektischen Wechselwirkung angetrieben werde, vor
allem aber, »daß Überbau gar keinen *Bereich*, sondern eine *Funktion*
bezeichnet«.[9] Zum anderen wird aber im Begriff des Überbaus eine
gewisse Unterteilung deutlich – von *juristischem* und *politischem* Überbau ist die Rede, dem bestimmte *gesellschaftliche Bewusstseinsformen*
entsprächen –, was die Frage aufkommen lässt, woran sich wohl das
gesellschaftliche Bewusstsein, über die juristischen und politischen
Faktoren hinausgehend, schärfe; denn dass es solche andere Faktoren gebe, kann kaum in Zweifel gestellt werden. In der Tat verweist
Marx im weiteren Verlauf des Vorwortes darauf, dass es ihm um
einiges mehr gehe, als nur um staatliche Institutionen und politische
Gesetze: »Mit der Veränderung der ökonomischen Grundlage wälzt
sich der ganze ungeheure Überbau langsamer oder rascher um. In
der Betrachtung solcher Umwälzungen muß man stets unterscheiden
zwischen der materiellen, naturwissenschaftlich treu zu konstatie-
renden Umwälzung in den ökonomischen Produktionsbedingungen
und den juristischen, politischen, religiösen, künstlerischen oder philosophischen, kurz, ideologischen Formen, worin sich die Menschen
dieses Konflikts bewußt werden und ihn ausfechten.«[10]

Nicht nur werden also sämtliche Bereiche dessen, was man
unter dem Begriff »Kultur« subsumieren könnte, zur materiellen

Grundlage ihres Wirk- und Entstehungszusammenhanges in Beziehung gesetzt (zu dem, was nach obiger Definition als »Zivilisation«
benannt wurde, also), sondern auch die Bereiche, die man gemeinhin
zur Sphäre der »hohen Kultur« zählt, wie Kunst, Philosophie und
Religion, sind davon nicht ausgenommen. Sowohl im Hinblick auf
die immanente Verkettung der beiden analytisch getrennten Bereiche
von Zivilisation und Kultur (für die die Begriffsmetapher Basis und
Überbau herangezogen werden kann) als auch in Anbetracht der einem jeden geistigen Produkt innewohnenden materiellen Dimension
darf geschlossen werden, dass die polarisierende Distinktion von
Kultur und Zivilisation für Marx schlicht unzulässig sei. Alle Kultur
ist Zivilisation, wie denn alle Zivilisation Kultur ist. Mit anderen
Worten: Nicht nur im alleralltäglichsten Konsumprodukt steckt ein
gewisses Maß an gesellschaftlicher Arbeit, die man – Marx zufolge – »naturwissenschaftlich treu zu konstatieren« vermag, sondern
auch in den geistigen Gebilden der »hohen« Kultur manifestiert
sich die gesellschaftliche Arbeit von Generationen, mithin die in
diese eingegangene und durch sie entstandene Technologie. Die
Trennung von geistiger und körperlicher Arbeit wäre, historisch-
gesellschaftlich betrachtet, schon darin ideologisch und mithin
kritikwürdig, dass sie die materielle Grundlage alles Geistigen wie
denn die in die materielle Produktion eingegangene geistige und
wissenschaftliche Tätigkeit, kurz: die unabweisbare Verkettung
beider Bereiche verkennt.

Der Begriff der Ideologie bedarf in diesem Zusammenhang der
Klärung. Denn wenn Marx, wie oben angeführt, die »juristischen,
politischen, religiösen, künstlerischen oder philosophischen« For-

men als *ideologisch* apostrophiert, diese aber als von einer sie bestimmenden Basis abgeleitet werden, so meint Ideologie nicht nur das, was sie im gängigen Sprachgebrauch als »Weltanschauung« bzw. »politisches Programm« bezeichnet, sondern sie verweist offenbar auf eine *Funktion*, die sie im Kontext besagter Basis erfüllt. Nicht von ungefähr lässt sich in der Tat, durch Marx' Schriften hindurch, nachweisen, dass sich Ideologiekritik für ihn als Kritik der gesellschaftlichen Wirklichkeit versteht: Von der Einleitung zur »Kritik der Hegelschen Rechtsphilosophie«, wo er die Kritik der Religion für die »Voraussetzung aller Kritik« erklärt,[11] über die Vorrede zur »Deutschen Ideologie«, in welcher er gemeinsam mit Engels gegen die »unschuldigen und kindlichen Phantasien« jener polemisiert, die meinen, es reiche, die Menschen von »falschen Vorstellungen«, »Hirngespinsten« und den »Ausgeburten ihres Kopfes« zu befreien, um die bestehende Wirklichkeit zusammenbrechen zu lassen,[12] über die »Thesen über Feuerbach«, wo er rigoros postuliert, die Frage, ob dem menschlichen Denken gegenständliche Wahrheit zukomme, sei »keine Frage der Theorie, sondern eine praktische Frage«,[13] bis hin zum »Kapital«, wo er den »Fetischcharakter der Ware und sein Geheimnis« erörtert[14] – überall erweist sich Ideologie als pejorativer Begriff einer illusionären Entstellung von Wirklichkeit, mithin als »falsches Bewusstsein«, eines Mittels der Apologie von Klasseninteressen und Machterhaltung oder zumindest doch eines notwendigen Resultats der materiellen Struktur einer Gesamtgesellschaft. Ob dabei der Kampf gegen die Illusion, Ideen seien der materiellen Welt gegenüber autonom, gerichtet ist (wie Terry Eagleton meint);[15] ob das Ideologiekonzept als Teil der allgemeinen Marx'schen Entfremdungstheorie zu bewerten sei;[16] ob gesellschaftliche Illusionen als in realen Widersprüchen verankerte *epistemologisch* überführt werden sollen, oder ob revolutionäre Praxis, welche allein jene Illusionen zu überwinden vermöchte, ins Blickfeld gerückt wird,[17] womit die eher *politische* Dimension der Überwindung der Ideologie als Instrument von Klassenherrschaft und -interessen angesprochen wäre – alle diese Fragen dürfen im anstehenden Zusammenhang unerörtert bleiben. Es geht hier einzig um die Feststellung, dass die als Kultur verstandene *gesamte* menschliche Praxis Strukturen zeitigt, bei denen mitnichten ausgemacht ist, dass sie von den Menschen, die sie im Produktionsprozess hervorbringen, als Mechanismen ihrer eigenen Lebensrealität erkannt werden. Zwar bestimmt also gesellschaftliches Sein das Bewusstsein, es sind gleichwohl die nämliches gesellschaftliches Sein durchwirkenden immanenten Widersprüche, die tendenziell auch das »*falsche* Bewusstsein« in Form der Ideologie oder eben des Überbaus bestimmen.

Die Basis-Überbau-Metapher steht also zum einen dafür ein, dass die gesamte menschliche Praxis, mithin alles im Prozess gesellschaftlicher Arbeit Entstandene – vom gängigen Konsumartikel bis hin zum Meisterwerk der sogenannten »hohen« Kultur – für *Kultur* erachtet werde, zum anderen aber dafür, dass die ihr innewohnenden Mechanismen der Herrschaft, Ausbeutung und Unterdrückung im Überbau ebendieser Kultur legitimiert werden, dass es also einer Bewusstwerdung der undurchsichtig gewordenen repressiven sozialen Wirklichkeit bedarf, zugleich aber auch, dass ein solches Bewusstsein wesenhaft von ebendieser (Basis-)Wirklichkeit abhängt, mithin von ihr verdunkelt werden mag. Kultur als umfassende materielle

Produktion und Reproduktion der Gesellschaft und Kultur als Mechanismus der Rechtfertigung repressiver Herrschaftsverhältnisse sind für Marx, so besehen, nicht auseinanderzuhalten, verstehen sich gar als Voraussetzung aller historischen Fortschrittsdynamik und indizieren somit das dem strukturellen Konflikt inhärente emanzipative Potenzial. Während Kultur also den von gesellschaftlicher Arbeit getragenen schieren Tatbestand der historischen Existenz der menschlichen Gattung benennt, verweist ihr Begriff auch darauf, dass sie die *materielle* Voraussetzung für die *gesellschaftliche* Befreiung des Menschen als Gattungswesen in sich birgt. Marx hält die geschichtliche Vorbedingung für diese Emanzipation mit der Heraufkunft der bürgerlichen Gesellschaft für gekommen. »Die bürgerlichen Produktionsverhältnisse«, heißt es im oben zitierten Vorwort zur »Kritik der politischen Ökonomie«, »sind die letzte antagonistische Form des gesellschaftlichen Produktionsprozesses, antagonistisch nicht im Sinn von individuellem Antagonismus, sondern eines aus den gesellschaftlichen Lebensbedingungen der Individuen hervorwachsenden Antagonismus, aber die im Schoß der bürgerlichen Gesellschaft sich entwickelnden Produktivkräfte schaffen zugleich die materiellen Bedingungen zur Lösung dieses Antagonismus. Mit dieser Gesellschaftsformation schließt daher die Vorgeschichte der menschlichen Gesellschaft ab.«[18]

Marx' Fortschrittsoptimismus basiert hier eindeutig auf den gewandelten *materiellen* Grundlagen der Kultur, die – historisch bereits nachweisbar – als Kulminationspunkt des strukturell entstandenen Antagonismus in der Gesellschaft aufgefasst werden. Bei Marx wurzelt die Koppelung der inneren Beschaffenheit von Kultur mit

besagtem Pathos der Emanzipation in seinem materialistischen Ge-
schichtsverständnis, welches – bei aller Komplexität der Beziehung
zwischen Basis, Bewusstsein und Ideologie – zumindest doch die
prinzipielle, eben materiell bedingte Möglichkeit der Emanzipation
impliziert. Interessant ist in diesem Zusammenhang der Vergleich
mit der Sicht Freuds, eines Denkers, der (bei allem Beharren auf den
ihn antreibenden Aufklärungsimpuls) letztlich keine Möglichkeit
für die Überwindung der wesenhaft neurotischen, dem Menschen
darin unbehaglichen Kultur sieht, dabei aber doch zu einem Marx
wesensverwandten Begriff von Kultur gelangt. In »Die Zukunft einer
Illusion« von 1927 findet sich folgende Passage:

*»Die menschliche Kultur – ich meine all das, worin sich das menschliche Leben über*
*seine animalischen Bedingungen erhoben hat und worin es sich vom Leben der Tiere*
*unterscheidet – und ich verschmähe es, Kultur und Zivilisation zu trennen – zeigt*
*dem Beobachter bekanntlich zwei Seiten. Sie umfaßt einerseits all das Wissen und*
*Können, das die Menschen erworben haben, um die Kräfte der Natur zu beherrschen*
*und ihr Güter zur Befriedigung der menschlichen Bedürfnisse abzugewinnen,*
*andererseits alle die Einrichtungen, die notwendig sind, um die Beziehungen der*
*Menschen zueinander, und besonders die Verteilung der erreichbaren Güter zu regeln.*
*Die beiden Richtungen der Kultur sind nicht unabhängig voneinander, erstens, weil*
*die gegenseitigen Beziehungen der Menschen durch das Maß der Triebbefriedigung,*
*das die vorhandenen Güter ermöglichen, tiefgreifend beeinflußt werden, zweitens,*
*weil der einzelne Mensch selbst zu einem anderen in die Beziehung eines Gutes*
*treten kann, insofern dieser seine Arbeitskraft benützt oder ihn zum Sexualobjekt*
*nimmt, drittens aber, weil jeder Einzelne virtuell ein Feind der Kultur ist, die doch*
*ein allgemein menschliches Interesse sein soll.«*[19]

Die Verschwisterung beider Sichtweisen ist frappant. Denn nicht nur begreift Freud (wie Marx) Kultur als Akkumulation von menschlichen Fähigkeiten der Naturbeherrschung zwecks »Befriedigung der menschlichen Bedürfnisse«, was mit Marx' Basisbegriff bzw. mit dem der Praxis der gesellschaftlichen Reproduktion des Menschen korrespondiert; nicht nur begreifen sich für Freud »die Einrichtungen, die notwendig sind, um die Beziehungen der Menschen zueinander, und besonders die Verteilung der erreichbaren Güter zu regeln«, als eine gleichwertige Dimension seines Kulturbegriffs, was mit dem Marx'schen Begriff der im Überbau »geregelten« Produktionsverhältnisse einhergeht; nicht nur postuliert er darüber hinaus (ähnlich wie Marx) die Affinität beider »Richtungen der Kultur«, weil er die Abhängigkeit der Beziehungen der Menschen zueinander vom Maß der durch das von ihnen Produzierte ermöglichten Triebbefriedigung bestimmt, vor allem aber die kulturell bedingte Warenwerdung des Menschen erkennt, sondern er hebt auch emphatisch hervor, dass Kultur und Zivilisation für ihn *nicht* zu trennen seien.

Es sei indes erwähnt, dass sich die Ähnlichkeit im Kulturbegriff beider Denker auch auf ihre (eher problematische) Auffassung dessen auswirkt, was man gemeinhin unter dem Begriff der »*hohen* Kultur« subsumiert. Da beide einem zugleich historischen wie deutlich *trans*-historischen Kultur- bzw. Zivilisationsbegriff das Wort reden, erweist sich ihr Zugang zur Kunst letztlich als durch außerkünstlerische Faktoren, mithin heteronom angewandte Kategorien bestimmt. So mag es mehr als fraglich erscheinen, ob mit Freuds Sublimationstheorie das Wesen von Kunst erfasst wird (worauf hier allerdings nicht weiter eingegangen werden soll). Schwieriger noch verhält es sich mit Marx' Zugang zur Kunst. Bei der Ausarbeitung seiner Basis-Überbau-Konzeption stieß er auf das Problem einer schlüssigen Erklärung dafür, dass (beispielsweise) griechische Kunst und der Epos, die an bestimmte gesellschaftliche Entwicklungsformen geknüpft waren, uns heute noch Genuss bereiten und in gewisser Beziehung als Norm und unerreichbare Muster gelten. Marx liefert dafür folgende Erklärung: »Ein Mann kann nicht wieder zum Kinde werden, oder er wird kindisch. Aber freut ihn die Naivetät des Kindes nicht, und muß er nicht selbst wieder auf einer höheren Stufe streben, seine Wahrheit zu reproduzieren? Lebt in der Kindernatur nicht in jeder Epoche ihr eigener Charakter in seiner Naturwahrheit auf? Warum sollte die geschichtliche Kindheit der Menschheit, wo sie am schönsten entfaltet, als eine nie wiederkehrende Stufe nicht ewigen Reiz ausüben? Es gibt ungezogene Kinder und altkluge Kinder. Viele der alten Völker gehören in diese Kategorie. Normale Kinder waren die Griechen. Der Reiz ihrer Kunst für uns steht nicht im Widerspruch zu der unentwickelten Gesellschaftsstufe, worauf sie wuchs. Ist vielmehr ihr Resultat und hängt vielmehr unzertrennlich damit zusammen, daß die unreifen gesellschaftlichen Bedingungen, unter denen sie entstand und allein entstehen konnte, nie wiederkehren können«.[20]

Es ist einigermaßen peinlich, diese Erklärung aus der Feder eines Denkers von der Statur eines Marx zu lesen. Dass sich das Verhältnis des modernen Menschen zur griechischen Kunst mit dem Verhältnis des Mannes zu seiner Kindheit vergleichen lasse, nimmt sich zwar als Vergleich poetisierend nett aus, wird aber spätestens dann zum Problem, wenn die Naivität des Kindes sich als Anlass nachmaliger

Freude – oder gar als Projektionsfläche einer rückwärtsgewandten Sehnsucht? – entpuppt. Ein Hauch von (einem »verlorenen Paradies« nachtrauernder) Nostalgie durchweht den Vergleich – denn was anderes bedeutet der »ewige Reiz« der geschichtlichen Kindheit der Menschheit als »eine nie wiederkehrende Stufe«, wenn nicht genau dies? –, ein Vergleich, der aber damit Kunst mutatis mutandis zu einem lieblich Unbedarften verkommen lässt. Wenn Marx die alten Völker »ungezogenen«, »altklugen« bzw. »normalen« Kindern gleichstellt, fabriziert er ein Kriterium für das, was ihm als schönste Entfaltung der geschichtlichen Kindheit der Menschheit gilt, durchbricht dabei aber mitnichten den Bannkreis der Metapher; schon gar nicht bewältigt er damit das Problem des geschichtlich realen Verhältnisses von Basis und Überbau. Denn was er nicht für Religion schlechthin, für überkommene Philosophie oder für eine obsolet gewordene wissenschaftliche Erkenntnis gelten ließe – er würde sie ganz im Gegenteil des Ideologischen überführen wollen –, das lässt er für die Kunst gelten. Das hat wohl damit zu tun, dass er das Wesen von Kunst, mithin die nicht in die schlichte Konzeption des Überbaus integrierbare Natur des Ästhetischen, verkannt hat (ein Mangel, der freilich von Marxisten der Nachfolgegenerationen mit umso größerer Brillanz behoben werden sollte), vor allem aber damit, dass er sich mit Kunst und der Kunstgeschichte offenbar nur spärlich befasst hat. Lukács hat diesbezüglich die Marx nächststehende Lösung angeboten, indem er für die Kunstgeschichte allgemein folgerte, die großen Kunstwerke spiegelten beispielhaft die grundsätzlichen gesellschaftlichen Beziehungen ihrer Epoche wider. Indem man sich zu ihnen als Vergangenem verhalte, erkenne man in ihnen unmittelbar sich selbst, die eigene Vergangenheit in der Vergangenheit der Menschheit. Kunst, postuliert er, erwecke somit unser geschichtliches Selbstbewusstsein und halte es wach. Dieses historische Bewusstsein verstärke und vertiefe sich, je höher die Menschheit sich entwickle.[21] Das Problem von Kunst als Überbauphänomen war damit freilich keinesfalls gelöst – und ist in gewissem Sinne bis zum heute ungelöst geblieben.

Ein ganz anderes Problem, von dem Marx zu seiner Zeit noch nichts ahnen konnte, stellt sich heutigen Gelehrten in der Marx'schen Tradition mit dem, was im Denken der Frankfurter Schule als »Kulturindustrie« apostrophiert wurde, nämlich der strukturellen Mutation des Überbaus der Massenkultur zur regelrechten industriellen Basis im Spätkapitalismus. Es handelt sich dabei um eine ungleich »demokratischere«, unscheinbarere, mithin kaum als solche identifizierbare Form des Autoritären: die autoritäre Unterwerfung unter das globalisierte Diktat der kommerziellen Populärkultur. Bei Adorno fungiert dieser Begriff noch als absichtsvoll polarisierter Gegensatz zum (wie immer in sich problematischen) Begriff der autonomen Kunst.

Der Begriff der Kulturindustrie, erklärte Adorno, sei seinerzeit als bewusster Ersatz für »Massenkultur« eingesetzt worden, um von vornherein eine interessengeleitete Deutung, »dass es sich um etwas wie spontan aus den Massen selbst aufsteigende Kultur handele, um die gegenwärtige Gestalt von Volkskunst«, auszuschalten. Die Kulturindustrie nehme »Altgewohntes« auf und füge es zu einer neuen Qualität zusammen: »In allen ihren Sparten werden Produkte mehr oder minder planvoll hergestellt, die auf den Konsum durch

Massen zugeschnitten sind und in weitem Maß diesen Konsum von sich aus bestimmen. Die einzelnen Sparten gleichen der Struktur nach einander oder passen wenigstens ineinander. Sie ordnen sich fast lückenlos zum System.« Der entscheidende Punkt hier besteht darin, dass die solcherart systematisch durchstrukturierte Kulturindustrie die »willentliche Integration ihrer Abnehmer von oben« bewirke. Darüber hinaus zwinge sie die »jahrtausendelang getrennten Bereiche hoher und niederer Kunst zusammen«, und zwar zu ihrer beider Schaden: »Die hohe wird durch die Spekulation auf den Effekt um ihren Ernst gebracht; die niedrige durch ihre zivilisatorische Bändigung um das ungebärdig Widerstehende, das ihr innewohnte, solange die gesellschaftliche Kontrolle nicht total war.« Während also die Kulturindustrie manipulativ auf den »Bewußtseins- und Unbewußtseinsstand« der Massen spekuliere, seien diese eben »nicht das Primäre sondern ein Sekundäres, Einkalkuliertes; Anhängsel der Maschinerie«: »Der Kunde ist nicht, wie die Kulturindustrie glauben möchte, König, nicht ihr Subjekt, sondern ihr Objekt.« Mit anderen Worten: Die »Kulturindustrie mißbraucht die Rücksicht auf die Massen dazu, ihre als gegeben und unabänderlich vorausgesetzte Mentalität zu verdoppeln, zu befestigen, zu verstärken. Durchweg ist ausgeschlossen, wodurch diese Mentalität verändert werden könnte. Die Massen sind nicht das Maß, sondern die Ideologie der Kulturindustrie, so wenig diese auch existieren könnte, wofern sie nicht den Massen sich anpaßte.«[22]

Das will wohlverstanden sein: Dass die Produkte der Kulturindustrie nach dem Prinzip ihrer Verwertung, »nicht nach dem eigenen Gehalt und seiner stimmigen Gestaltung«, verfertigt werden, dass die gesamte kulturindustrielle Praxis also »das Profitmotiv blank auf die geistigen Gebilde« überträgt, darf keinesfalls darüber hinwegtäuschen, dass diese Erscheinungen nicht ganz neu sind, ihre ersten Anzeichen vielmehr sichtbar wurden, seitdem jene geistigen Gebilde – »durch ihr autonomes Wesen hindurch« – als Waren auf dem Markt ihren Urhebern als Broterwerb zu dienen begannen. Neu sei an der Kulturindustrie gleichwohl der »unmittelbare und unverhüllte Primat der ihrerseits in ihren typischsten Produkten genau durchgerechneten Wirkung«, die große Bedeutung also, die sie auf die gezielt glatte, wesentlich unkritische, mithin unreflektierte Rezeption ihrer Erzeugnisse durch ihr immer größer und massiver werdendes Konsumpublikum legt: »Die Autonomie der Kunstwerke, die freilich kaum je ganz rein herrschte und stets von Wirkungszusammenhängen durchsetzt war, wird von der Kulturindustrie tendenziell beseitigt«.[23] Waren also die Kunstwerke immer schon auch, aber eben nicht *nur* Ware, so sind die Produkte der Kulturindustrie bereits nichts anderes als Ware.

Adornos Kulturindustrie-Konzeption ist merklich von der emanzipativen Funktion der Kunst beseelt. Entsprechend stellt sich ihm Kulturindustrie als Instanz stetig sich ausweitender kognitiver Kontamination dar. Trotz ihrer Weitsicht, nimmt sich seine Analyse freilich heute etwas »veraltet« aus, nicht jedoch wegen der nunmehr allseits betriebenen »Aufwertung« kulturindustrieller Massenkultur – etwa im postmodernen Postulat der Aufhebung von *high* und *low* –, sondern weil, ganz im Gegenteil, die Exzesse der Kulturindustrie und die unübersehbare Expansion ihrer Wirkungsbereiche sowie die inzwischen massiv erfolgte Entfaltung der kulturindustriellen

Produktions-, Zirkulations- und Konsumptionsmittel mittlerweile
Dimensionen angenommen haben, die alles, was sich Adorno im
Zeitalter der relativ jungen Entwicklung von Radio und Fernsehen
noch vorstellen konnte, in den Schatten stellen.

Adornos Argument bedarf der Radikalisierung. Wenn es stimmt,
dass wir – wie vom amerikanischen Kulturwissenschaftler Michael
Denning behauptet – »am Ende« der Massenkultur angelangt sind,
und die Debatten, in denen Massenkultur als ein »Anderes« bestimmt
wurde, sich überlebt haben, weil es eben nichts *außerhalb* der Massenkultur gebe; Massenkultur sei vielmehr »das eine Element, das
wir alle atmen«.[24] Wenn Kulturindustrie auf umfassende Kommerzi-
alisierung *aller* Bereiche institutionalisierter »Realitäts«vermittlung,
mithin auf warenförmig verdinglichte Beherrschung unserer All-
tagswahrnehmung hinsteuert, die Quotenmechanismen dabei auf
die totale Integration immer größerer Teile des Publikums ins
globalisierte Kraftfeld unaufhaltsam ansteigenden Konsums ausgerichtet sind, zugleich aber die repressiven Auswirkungen des
Integrationsapparats mit der scheinemanzipativen Ideologie einer
demokratischen »Liberalisierung des Marktes« und pseudoliberalen
»Demokratisierung des Konsums«, eines »freien Willens« und einer
vorgeblich »freien Entscheidung« des in Wahrheit immer enger
angepassten Individuums zu kaschieren vermögen – dann fungiert
Kulturindustrie nicht mehr nur als diametraler Gegenpol der autonomen Kunst, sondern als *die* Wahrnehmungs- und Interaktionsform
im *gesamten* Wirkungsbereich des globalisierten Spätkapitalismus.
Das der strukturellen Logik der Kulturindustrie zugrunde liegende
Tauschprinzip ist zum allumfassenden Formprinzip der objektiv

vorwaltenden Entfremdung moderner Gesellschaften mutiert. »Falsches Bewusstsein« meint nicht mehr einen Basis widerspiegelnden ideologischen Überbau, sondern bezieht sich auf eine ökonomisch durchherrschte, *praxis*gewordene Ideologie dessen, was Adorno als »universellen Verblendungszusammenhang« apostrophierte. Die Vermittlung von Auschwitz durch Hollywood-Filme wie »Schindlers Liste« ist, so besehen, nur ein Aspekt der Kulturindustrie; ein nicht minder bedeutender ist, dass »die Geschichte von Auschwitz zu einem Material wird, zu einem Rohstoff, mit dem sich genauso gut Politik machen lässt wie mit einer Wahlkampfspende«, wie es Detlev Claussen formulierte.[25]

Es geht hierbei nicht nur um die durch inflationären Begriffsgebrauch bewirkte Veralltäglichung von Unsäglichem, nicht nur um die durch Zerredung hervorgerufene Banalisierung des Monströsen, sondern – minder auffällig – auch um die bewusst angezettelte Debatte, um die geplante Entfachung publizistischer Sensation. Wie an der Goldhagen-Diskussion in den USA und der Mahnmal-Debatte in Deutschland nachweisbar, konnte schon vor Jahrzehnten und kann heutzutage jede öffentlich geführte anspruchsvolle Kontroverse zur Praxis kulturindustrieller Ideologie verkommen. Es ist lediglich eine Frage der in Qualität umgeschlagenen Quantität – und zwar der Menge »demokratisch« geäußerter Meinungen zum Thema, der Anzahl der es fernsehgerecht »diskutierenden« *talk shows* bzw. im Internet »shit-stormenden« Foren, des Umfangs seiner warenförmig betriebenen Fetischisierung – allesamt Zeugnisse dessen, dass, seitdem die dominante »Nach-Auschwitz«-Kultur Auschwitz in eine Konsumware verwandelte, deren Tauschwert sich in der

Hollywood'schen Oscar-Statue (und anderen Verdinglichungsprak-
tiken des Holocaust-Andenkens) materialisiert hat, Barbarei nicht
mehr nur eine Frage der ideologisch widerscheinenden Praxis ist,
sondern, wie bereits dargelegt, der einer praxisgewordenen Ideologie.
Autoritär – mithin für die psychoanalytisch ausgerichtete Kul-
turanalyse von großer Relevanz – ist dabei die Errichtung neuer
Autoritätsinstanzen: die zunehmende Hingabe an eine flutartig alles
überschwemmende Medienkultur samt ihrer charakteristischen Ausformungen im Starkult, in der Idolverehrung und der Fan-Mentalität;
in der voyeristischen Begaffung von Talk-Sendungen, in denen *freaks*
und *low lives* ihr erbärmliches Elend zur Schau stellen und bejubelt
werden, je drastischer ihre Gewalt ausbricht, je unartikulierter ihre
Kommunikationsunfähigkeit sich manifestiert, im Gebaren also eines
modernen Gladiatorenkampf-Publikums, welches das eigene Leben
auf die sich vollends Erniedrigenden projiziert; in der mechanisch
gewordenen Bereitschaft, sich immer professioneller zugerichteten
Verführungen zum Konsum, zur kommerziellen Mode, zum Sensa-
tionellen auszusetzen. Ob Kunst, Unterhaltung, politisches Ereignis
oder Naturkatastrophe, ob Mord oder Hungertod, Ziehung der
Lottozahlen oder Abdankung des Ministers – alles verkommt der
Präsentations-, Wahrnehmungs- und Verwertungsstruktur nach zur
Ware: Sterben in Afrika hat einen ökonomisch übersetzbaren *prime-
time*-Wert; es wird als *item* konsumiert und hat eine Wirkungsdauer,
die sich am nächstem *item*, an der nächsten Sensation, an der danach
kommenden Unterhaltungssendung bemisst. Autoritär ist die feti-
schisierte Hinnahme einer wenn schon nicht »von oben«, so doch
»hinter den Kulissen« zubereiteten Totalvirtualisierung des Lebens,

die selbst noch TV-Wettermänner und -frauen zu Kultpersonen mutieren lässt. Wenn die Familie bei Adorno noch »den Gewohnheiten der eigenen sozialen, ethnischen und religiösen Gruppe« folgt, so hat sich daran wohl nichts Grundsätzliches geändert; zu untersuchen wäre gleichwohl, inwieweit besagte »Gewohnheiten« sich anhand der Vorgaben televisionärer Familienserien gestalten, mithin in welcher Weise mittlerweile »ökonomische Faktoren« der kulturindustriellen Medienwelt das »Verhalten der Eltern gegenüber dem Kind« beeinflussen.

Ob dabei Faschismus im herkömmlichen Sinne gefördert wird, kann sich erst dann erweisen, wenn sich objektive historische Bedingungen für seine abermalige Erstehung entwickelt haben. Insofern autoritäre Charakterstrukturen weiterhin für die »menschliche Grundlage« des Faschismus gehalten werden, kann man davon ausgehen, dass sich das traditionell Autoritäre in modernen Gesellschaften überlebt habe, mithin die Adorno und Fromm noch umtreibende Gefahr des Faschismus getilgt sei. Desto intensiver wird man sich freilich fragen dürfen, ob dieses Autoritäre nicht gerade in der immanenten Logik und Struktur der Kulturindustrie seinen (un)würdigen Nachfolger gefunden haben mag.

# Anmerkungen

Dieses Kapitel ist die erweiterte und überarbeitete Fassung von: Moshe Zuckermann, Der Kulturbegriff bei Marx, in: Bernhard Greiner & Christoph Schmidt (Hrsg.), *Arche Noah. Die Idee der »Kultur« im deutsch-jüdischen Diskurs,* Freiburg im Breisgau 2002, S.85-94

1.  Kultur und Zivilisation, in: Theodor W. Adorno und Walter Dirks (Hrsg.), *Soziologische Exkurse* ( = *Frankfurter Beiträge zur Soziologie,* Band 4), Frankfurt/Main 1956, S.83.
2.  *Ebd.,* S.84.
3.  Norbert Elias, *Über den Prozeß der Zivilisation,* Frankfurt/Main 1976 (1936), Bd.1, Kapitel 1 passim.
4.  Kultur und Zivilisation, (wie Anm. 1). S. 85.
5.  Vgl. Hierzu: Hans Kohn, *Prelude to Nation-States,* Princeton 1967.
6.  Karl Marx, Zur Kritik der Politischen Ökonomie, Vorwort, in: *MEW,* Bd.13, Berlin (DDR) 1985, S.8.
7.  *Ebd.,* S.8f.
8.  Vgl. Hierzu: Friedrich Tomberg, *Basis und Überbau. Sozialphilosophische Studien,* Darmstad – Neuwied 1974.
9.  *Ebd.,* S.38.
10. Marx, Vorwort, (wie Anm. 6), S.9.
11. Karl Marx, Zur Kritik der Hegelschen Rechtsphilosophie, Einleitung, in: *MEW,* Bd.1, Berlin (DDR) 1983, S.378.
12. Karl Marx und Friedrich Engels, Die Deutsche Ideologie, Vorrede, in: *MEW,* Bd.3, Berlin (DDR) 1983, S.13.
13. Karl Marx, Thesen über Feuerbach, in: *ebd.,* S.5.
14. Karl Marx, Das Kapital, in: *MEW,* Bd.23, Berlin (DDR) 1984, S.85ff.
15. Terry Eagleton, *Ideology. An Introduction,* London – New York 1991, S.66.
16. *Ebd.,* S.70.
17. *Ebd.,* S.72.
18. Marx, Vorwort, (wie Anm. 6), S.9.
19. Sigmund Freud, Die Zukunft einer Illusion, in: Sigmund Freud, *Studienausgabe,* Bd.IX, Frankfurt/Main 1982, S.139f.
20. Karl Marx, Einleitung zur Kritik der Politischen Ökonomie, in: *MEW,* Bd.13, Berlin (DDR) 1985, S.641f.
21. Tomberg, (wie Anm. 8), S.41.
22. Theodor W. Adorno, Resüme über Kulturindustrie, in: *Ohne Leitbild. Parva Aesthetica,* Frankfurt/Main 1970, S.60f
23. *Ebd.,* S.61
24. Michael Denning, The End of Mass Culture, in: James Naremore and Patrick Brantlinger (eds.), *Modernity and Mass Culture,* Bloomington and Indianapolis 1991, S.267
25. Detlev Claussen, »Das politische Denken wird ersetzt durch Konfessionen«, in: *Perspektiven,* 31 (1997), S.27

# Freuds Religionsbegriff im Kontext des religionskritischen Diskurses der Moderne

In den beiden folgenden Kapiteln soll ein zentrales Moment emanzipativer politischer Ausrichtung der Moderne – das der Religionskritik –, wie es sich bei bedeutenden Denkern des 19. Jahrhunderts
ausgeformt hat, dargestellt werden. Für den in diesem Band erörterten Zusammenhang darf dieses Moment als besonders gravierend
angesehen werden, denn mehr als viele andere sozialen und kulturellen Institutionen, die emanzipationsbeseelter Kritik unterzogen
wurden, zog die Religion eine auffällig große Aufmerksamkeit auf
sich. Nicht von ungefähr richteten kritische Geister vom Schlage
eines Marx, Nietzsche und eben auch Freud ihr Augenmerk gerade
auf sie: Religion galt ihnen allen als Medium der Vernunft- und
Bewusstseinstrübung, verführender Ideologie, mithin der Entpoli-
tisierung des zu Politisierenden.

Religionskritik kann verschiedene Formen annehmen. Sie mag
sich von immanenter Auseinandersetzung mit Glaubenssätzen,
mithin von intrareligiösen Feindseligkeiten um unterschiedliche
Gottes- und Bekenntnisauffassungen, über Kritik religiöser Institutionen, ohne aber den Glauben als solchen zu hinterfragen, bis
hin zur agnostischen Infragestellung der schieren Existenz Gottes
oder auch der rigoros atheistischen Behauptung seiner Nichtexis-
tenz erstrecken. Der Begriff der Kritik ändert sich entsprechend mit
ihrem jeweiligen Gegenstand. So geht es der immanenten Kritik um

Verfeinerung, Schärfung oder auch um revolutionäre Umdeutung religiöser Wahrheiten, wie sie sich in den großen historischen Umbrüchen etwa im Übergang vom Poly- zum Monotheismus, in der Reform der christlichen Kirche durch den Protestantismus, aber auch in Gegnerschaft und Hass der großen Religionen untereinander manifestier(t)en. Der Kritik religiöser Institutionen ist es zumeist um die Wirkmächtigkeit religiöser Praxis im Kontext politischer und gesellschaftlicher Zusammenhänge zu tun. So bekämpfte etwa Voltaire die Machtansprüche der katholischen Kirche, insbesondere ihre politische Verbandelung mit der Aristokratie und dem staatlichen Absolutismus, ohne deshalb aber die Raison d'être des Glaubens als solchen in Abrede zu stellen; als Deist sah er sich einem toleranten Gottesglauben verpflichtet, den er als solchen aber eben auch für notwendig erachtete. Radikale Religionskritik hingegen richtet sich auf die Erörterung von Wesen, Funktion und Wirkung des Religiösen in außerreligiösem Zusammenhang mit dem Ziel der Entkräftung religiöser Wirkmächtigkeit bzw. ihrer totalen Abschaffung. Sie begnügt sich also nicht mit philosophischen Klärungen von erkenntnistheoretischen Zweifeln über Gottesexistenzbeweise und Glaubensgeltung, sondern fußt in der atheistischen Grundannahme, dass Gott ein kulturelles Erzeugnis des Menschen sei und der Glaube an ihn menschlichen Bedürfnissen entspringe, die mit transzendenter Gottesmacht per se nichts zu tun haben.

Als paradigmatisch für eine solch radikale Religionskritik dürfen zwei Frühschriften des jungen Karl Marx gelten. Dass sie beide einer kritischen Emphase gegenüber der Religionskritik zweier anderer großer Denker entsprangen, indiziert dabei sowohl den gewichtigen zeitgeistigen Kontext ihrer Entstehung als auch die Radikalität ihres Ansatzes und ihrer Gesamtausrichtung. Besonders berühmt geworden ist jene Passage aus »Zur Kritik der Hegelschen Rechtsphilosophie« von 1843/44, in welcher es heißt:

> *»Das religiöse Elend ist in einem der Ausdruck des wirklichen Elendes und in einem die Protestation gegen das wirkliche Elend. Die Religion ist der Seufzer der bedrängten Kreatur, das Gemüt einer herzlosen Welt, wie sie der Geist geistloser Zustände ist. Sie ist das Opium des Volks«.*[1]

In der langen Rezeptionsgeschichte dieses Texts ist besonders die Opium-Metapher bekannt geworden, ja nachgerade zum geflügelten Schlagwort avanciert. Das narkotische Moment bezieht sich dabei auf die Verführung zur Bewusstseinstrübung, zur eklatanten Manifestation dessen also, was sich im Denken des jungen Marx bereits als Kategorie des falschen Bewusstseins, der Ideologie, herausbildete. Die Gleichsetzung von Religion mit Ideologie sollte späterhin in der Tat den Stellenwert eines besonders wirkmächtigen Faktors in Marxens Religionskritik einnehmen (darin übrigens Nietzsche und Freud verwandt). Was gleichwohl in der Heranziehung dieses Diktums stets unterbelichtet blieb, ist die Doppelfunktion, die Marx der Religion dabei zuschreibt. Es ist bemerkenswert, wie er die Religion als Ausdruck von etwas ausmacht, das über sie hinausgeht, zugleich aber auch als Manifestation des Aufbäumens gegen dies Etwas ansieht, dessen Ausdruck die Religion ist. Das Elend, von dem Marx zunächst als ein religiöses redet, ist in Wirklichkeit das reale gesellschaftliche Elend. Dabei begnügt sich Marx aber nicht mit der Herausstellung der ideologisch-manipulativen Funktion von Religion, sondern bekundet auch eine Art Nachsicht gegenüber dieser Funktion: Als traditionelle Kulturinstitution mit Monopol für die Belange des Seelischen ist sie zwar »das Gemüt einer herzlosen Zeit«, ja der »Geist geistloser Zustände«, also letztlich Ideologie, falsches Bewusstsein, gemessen am real Bestehenden; und doch erkennt Marx in ihr auch den »Seufzer der bedrängten Kreatur«, weiß also um ihre tröstende Funktion im Trostlosen des realen sozialen Elends, um die Tatsache, dass die gesellschaftliche Leiderfahrung dieses Ventils bedarf – solange der reale Grund dieser Leiderfahrung in der Welt vorwaltet.

Heinrich Heine, ein bedeutender Stichwortgeber von Marx, brachte das Problem (zur etwa gleichen Zeit) poetisch auf den Punkt. In »Deutschland. Ein Wintermärchen« erzählt er vom Gesang eines Harfenmädchens, das er bei der Grenzüberquerung von Frankreich nach Deutschland hörte:

*Sie sang von Liebe und Liebesgram,*
*Aufopfrung und Wiederfinden*
*Dort oben, in jener besseren Welt,*
*Wo alle Leiden schwinden.*

*Sie sang vom irdischen Jammertal,*
*Von Freuden, die bald zerronnen,*
*Vom Jenseits, wo die Seele schwelgt*
*Verklärt in ew'gen Wonnen.*

*Sie sang das alte Entsagungslied,*
*Das Eiapopeia vom Himmel,*
*Womit man einlullt, wenn es greint,*
*Das Volk, den großen Lümmel.*[2]

Heine trennt die religiöse Ideologie dabei nicht von den Interessen ihrer Urheber und Verfasser:

*Ich kenne die Weise, ich kenne den Text,*
*Ich kenn auch die Herren Verfasser;*
*Ich weiß, sie tranken heimlich Wein*
*Und predigten öffentlich Wasser.*[3]

Der bigotten Manipulation der Herrschaftsideologie setzt er den Gegenentwurf einer Emanzipationsemphase der Menschheit entgegen:

*Ein neues Lied, ein besseres Lied,*
*O Freunde, will ich euch dichten!*
*Wir wollen hier auf Erden schon*
*Das Himmelreich errichten.*

*Wir wollen auf Erden glücklich sein,*
*Und wollen nicht mehr darben;*
*Verschlemmen soll nicht der faule Bauch,*
*Was fleißige Hände erwarben.*[4]

Reichlich Brot für alle gebe es auf Erden, und nicht nur Brot, auch Luxuriöseres – wie denn auch »Schönheit und Lust«. All dies könne man schon im Diesseits erlangen:

> *Den Himmel überlassen wir*
> *Den Engeln und den Spatzen.*[5]

Zwar verwirft Heine die Kategorie des Himmels qua Gottes Reich nicht vollends, doch bevölkert er ihn (nicht von ungefähr) mit den subalternen Funktionsträgern dieses Reiches, bricht mithin das Motiv des himmlischen Daseins ironisch durch die Beigesellung der Spatzen zu den Engeln. Rigoros insistiert er darauf, dass – ungeachtet aller Vorstellungen von der Existenz Gottes – die Institutionen der Gottesverehrung auf Erden eine prononciert ideologische Funktion erfüllen, indem sie die Erlösung von menschlicher Not und irdischer Leiderfahrung an den Himmel delegieren. Inwiefern es Heine darum gegangen sein mag, atheistisch zu argumentieren, sei dahingestellt. Nicht an der Glaubensfrage als solcher rührt er, sondern am Problem der sozialen Folgen institutionalisierter religiöser Wirkmächtigkeit. Ideologisch wird Religion demnach nicht nur, wenn sie Irreales für real ausgibt, sondern auch dort, wo sie als Praxis im Diesseits manipulative Qualitäten im Dienste profaner Herrschaft aufweist.

Marx seinerseits befasst sich mit der gesellschaftlichen Dimension dessen, was Religion zum »Opium des Volkes« werden lässt und damit auch ihre Funktion als Herrschaftsinstrument ausmacht. In aphoristischer Dichte formuliert er dies in den bereits im Vormärz

verfassten »Thesen über Feuerbach«, welche freilich erst 43 Jahre
nach ihrem Entstehen, im Jahre 1888, von Engels (leicht überarbei-
tet) veröffentlicht werden sollten. So heißt es in der 6. These dieses
frühen Textes:

> »Feuerbach löst das religiöse Wesen in das menschliche Wesen auf. Aber das mensch-
> liche Wesen ist kein dem einzelnen Individuum innewohnendes Abstraktum. In seiner
> Wirklichkeit ist es das Ensemble der gesellschaftlichen Verhältnisse. Feuerbach, der
> auf die Kritik dieses wirklichen Wesens nicht eingeht, ist daher gezwungen:
> 1. von dem geschichtlichen Verlauf zu abstrahieren und das religiöse Gemüt für sich
> zu fixieren, und ein abstrakt – isoliert – menschliches Individuum vorauszusetzen;
> 2. Das Wesen kann daher nur als ›Gattung‹, als innere, stumme, die vielen Individuen
> natürlich verbindende Allgemeinheit gefaßt werden.«[6]

Zentral ist diesem Gedankengang die Postulierung des menschlichen Individuums als ein im Wesen soziales, mithin als »Ensemble
der gesellschaftlichen Verhältnisse«, was entsprechend auch seine
religiöse Verfasstheit bestimmen muss. So heißt es denn in der
7. These:

> »Feuerbach sieht daher nicht, daß das ›religiöse Gemüt‹ selbst ein gesellschaftliches
> Produkt ist und daß das abstrakte Individuum, das er analysiert, in Wirklichkeit
> einer bestimmten Gesellschaftsform angehört.«[7]

Die Gesellschaftsform aber muss ihrerseits als Manifestation menschlicher Praxis begriffen werden, wie in der nachfolgenden 8. These
folgerichtig formuliert wird:

>>*Alles gesellschaftliche Leben ist wesentlich praktisch. Alle Mysterien, welche die Theorie zum Mystizism[us] veranlassen, finden ihre rationelle Lösung in der menschlichen Praxis und im Begreifen dieser Praxis.*<<[8]

Es ist nun diese kausale Verankerung des Gottesglaubens im Gesellschaftlichen, die Marx zum einen die ideologische Dimension von Religion erkennen lässt – namentlich das, was sie als gewichtigen Faktor des sozialen Überbaus und Quelle eines transhistorisch fortwährenden falschen Bewusstseins ausmacht –, zum anderen aber auch die im Gesellschaftlichen verankerten psychischen Gründe ihrer Wirkmächtigkeit: Sie wird zwar pejorativ ihres betäubenden Charakters überführt, zugleich aber auch empathisch als >>Seufzer<< der sozial >>bedrängten Kreatur<< apostrophiert.

Nicht von ungefähr findet sich auch bei Freud, dem es gleichwohl – nicht minder atheistisch ausgerichtet – um das psychisch begründete Bedürfnis des Gottesglaubens zu tun ist, die zur Kennzeichnung der Religion herangezogene Metapher des Narkotischen. Er spricht vom >>bittersüßen Gift<<, das dem Menschen von Kindheit an eingeflößt werde, ist sich mithin durchaus der Wirkung solch >>süßer<< kultureller Intoxikation bewusst. Und doch insistiert er darauf, dass der Mensch den Trost der >>religiösen Illusion<<, von der es heißt, er würde ohne sie kaum fähig sein, die Schwere des Lebens, die grausame Wirklichkeit zu ertragen, entbehren könne. Religion gilt Freud als Illusion – eine Illusion freilich, die sich als eine Zivilisationsneurose von menschheitsgeschichtlichem Ausmaß auswirkt. Ihre Wirkmächtigkeit manifestiert sich philogenetisch (die kulturelle Entwicklung des gesamten Menschengeschlechts

rekonstruierend) im zwanghaft perpetuierten Kulturprozess einer
archaischen »Wiederbelebung« des von den Söhnen einer pri-
mordialen Horde ermordeten Urvaters.[9] Zugleich speist sich dieses
kollektive Kulturmuster stets von Neuem durch die ontogenetische,
also individuell durchlebte Erfahrung des Ödipalkonflikts. Entsprechend hat man sich, Freud zufolge, den Menschen in einer von der
Religion emanzipierten Gesellschaft, in welcher er »nicht mehr das
Objekt zärtlicher Fürsorge einer gütigen Vorsehung« wäre, als Kind
zu denken, »welches das Vaterhaus verlassen hat, in dem es ihm so
warm und behaglich war«. Aber der Infantilismus sei nun einmal
dazu bestimmt, überwunden zu werden. »Der Mensch kann nicht
ewig Kind bleiben, er muß endlich hinaus, ins ›feindliche Leben‹«.
Um »Erziehung zur Realität« müsse es gehen.[10]

    Das ist freilich leichter gesagt als getan, wie man aus Freuds
eigener Lehre folgern muss. Denn dass der Mensch nicht »ewig
Kind« bleiben könne, besagt ja nicht, dass er es nicht, Freud zufolge, auf bestimmter Ebene dennoch bleibt. Das hat einiges mit der
Scheu vorm »feindlichen Leben« zu tun (was nur zu verständlich
ist, wenn man bedenkt, was das schiere Überleben den Menschen
zivilisationsgeschichtlich abforderte), resultiert aber darüber hinaus
auch davon, dass das Feindliche des Lebens von Freud selbst als
ontologisch angelegt begriffen wird, namentlich als Folge des kaum
je überwundenen Konflikts zwischen dem Lust- und dem Realitätsprinzip bzw. zwischen der triebmäßig angeborenen Lustsuche und
der lusthemmenden oder auch lustverweigernden Lebensrealität.
Was bei Schopenhauer noch allgemein (metaphysisch durchsetzt)
als Wille konzipiert wird, welcher sich als Ursache der menschli-

chen Misere in der Welt erweist, Schopenhauer mithin zu einer zutiefst kulturpessimistischen Philosophie gelangen lässt,[11] stellt sich bei Freud als biologische Prädisposition des Menschen dar, aus der es kein Entrinnen geben kann; sie muss gleichwohl beherrscht werden, mithin in einen peinigenden Triebverzicht übergehen, um Zivilisation erst eigentlich ermöglichen zu können. Dieser unauflösbare Konnex von notwendiger Dressur, Selbstdressur und Kultur, begreift sich durchaus als eine prästabilisierte Determination, ihre Grundkoordinaten sind zwar kulturgeschichtlich modifizierbar, als transhistorische Grundstruktur aber nicht völlig überwindbar. Das Unbehagen in der Kultur ist, so besehen, ähnlich wie schon bei Schopenhauer, menschheitsgeschichtliches Schicksal.

Nicht zuletzt diese Einsicht war es, die Freud zur Logik der metapsychologischen Aufsätze seines Spätwerks geführt hat. Bei aller Kontroversalität ihres Ansatzes müssen »Totem und Tabu«, »Die Zukunft einer Illusion«, »Das Unbehagen in der Kultur« und »Der Mann Moses und die monotheistische Religion«[12] schon deshalb ernstgenommen werden, weil Freud in ihnen philogenetisch extrapoliert, was ontogenetisch als essenzielle Grundlage seines Denkens gelten darf. Wenn man nämlich den Ödipalkonflikt als Zentralachse seiner Theorie der Individualgenese des Menschen begreift, so geht dieser Grundgedanke in die in »Totem und Tabu« aufgestellte, stammesgeschichtlich bedeutende Hypothese über den »Urvatermord« ein, die wiederum in »Der Mann Moses« ihre spezifische Wiederkehr fand. Diese aber sind die zentralen Abhandlungen, in denen Freud die zivilisatorische Genese von Religion, mithin des Monotheismus, aufzuzeigen bemüht war. Ohne die Voraussetzung des im Individuellen sich ereignenden Ödipalkonflikts (und der Prämisse seiner Universalität) käme Freud gar nicht erst auf die Idee, die Religion im kollektiven Äquivalent zu suchen, ja ein solches Aufspüren ergäbe keinen Sinn: Wenn die Urvatermord-These keine »just-so story« bleiben, sondern den Anspruch erheben soll, eine gültige Hypothese zu sein, die »sich geeignet zeigt, Zusammenhang und Verständnis auf immer neuen Gebieten zu schaffen«[13], muss sie im Zusammenhang des Ödipalkonflikts verstanden werden. Wenn dabei das Kollektive die Reproduktion der Verinnerlichung von Herrschaft im Individuum bestimmt, so ist dies Individuelle auch der Kern – wenn man will: das transhistorische Bindemittel – dessen, was in der ödipalen Verinnerlichung von Herrschaft als ungelöste Vatersuche zum Kollektiven gerinnt. Religion ist entsprechend, mit dieser Freud'schen Erkenntnislogik lapidar formuliert, als eine Zivilisationsneurose zu denken, die in einem kollektiven Kontext ihren Ursprung hat, dies aber nur, weil in nämlichem Ursprung etwas angelegt ist, das das Grundbedürfnis nach Religion qua Vatersuche strukturell prästabiliert und zivilisationsgeschichtlich perpetuiert. Von gravierender Bedeutung ist dabei, dass dieses Grundbedürfnis als im Psychischen verankert begriffen wird, mithin sich puristischer Vernunftkontrolle entschlägt. Religionskritik im Sinne der Aufklärung, wie sie selbst noch bei Marx nachweisbar ist, erfordert seit Freud etwas anderes – die Überwindung ungelöster psychischer Grundbedürfnisse.

Der Ideologiecharakter von Religion bei Marx und ihre Deutung als infantile Illusion bei Freud verhalten sich komplementär, haben mithin eine begriffliche Synthese von großer Relevanz für die Analyse moderner psychopolitischer Prozesse in der Theorie des »autoritären Charakters«, wie sie von Denkern der Frankfurter Schule entwickelt (und weiter oben bereits dargelegt) wurde,[14] erfahren. Die Einsicht in die wesenhafte Affinität der Emanzipation von religiöser wie von politischer Autorität findet sich bereits bei Heine: Spricht er von Robespierres »regizider Epilepsie«, die dem französischen Königstum den Garaus gemacht habe, so gilt ihm Kants »Kritik der reinen Vernunft« als »das Schwert, womit der Deismus [in Deutschland] hingerichtet« worden sei. Freilich weist auch er schon darauf hin, dass Kants Unterscheidung zwischen der theoretischen und der praktischen Vernunft dazu geführt habe, dass er »den Leichnam des Deismus, den die theoretische Vernunft getötet« habe, durch die praktische – »wie mit einem Zauberstäbchen« – wiederbelebt hätte.[15] In der Tat muss das aufklärerische Pathos, von dem das Denken Marx' und Freuds deutlich durchweht ist, von Kants Aufklärungsphilosophie des hier erörterten Zusammenhangs von Vernunft und Religion unterschieden werden: Der in der praktischen Vernunft Kants wiederbelebte »Leichnam des Deismus« ist dem rigorosen Atheismus von Marx und Freud (Nietzsche sei in diesem Kontext gleich mithinzugezählt) endgültig zum Opfer gefallen und tunlichst begraben worden.

Atheistische Religionskritik richtet sich demnach auf mehrerlei. Sie stellt zunächst die Existenz Gottes rigoros in Abrede; Gottesglaube gilt ihr als Irrglaube, dem sie sich in emanzipativer Absicht entgegenstellt, gerade weil sie seine bewusstseinstrübende Attraktion für den Menschen, mithin seine falsch-tröstende Funktion als eine zutiefst ideologische erkannt hat. Dabei begnügt sie sich nicht mit der aufklärerisch beseelten Emphase wahrer Erkenntnis, sondern richtet sich dezidiert auf Kritik der strukturellen gesellschaftlichen Ursachen, die der religiösen Ideologie ihre Raison d'être erst eigentlich verleihen. Das Insistieren dieser Religionskritik auf die humane Mündigkeit des Menschen basiert auf der Erkenntnis der Notwendigkeit, die Instrumentalisierung der realen Ohnmacht des Menschen als interessengeleitet zu entlarven und die religiöse Einfärbung dieser Ohnmacht durch politische und sozialkämpferische Praxis zu überwinden. Sie ist sich dabei bewusst, nicht im historisch luftleeren Raum zu agieren, weiß mithin um die zivilisatorisch stabilisierten psychischen Präformationen des Menschen im Hinblick auf seinen Hang zum irrationalen Glauben, sei's aus Trostbedürfnis, sei's aus Flucht aus der Unerträglichkeit des realen Lebens, sei's aus Sinnverlust, sei's aus Angst vor eigener Souveränität und Verantwortung.

Die Rückschläge einer fehlgeleiteten Säkularisierung, die in die Katastrophen des 20. Jahrhunderts mündete, das Bodenlose einer gottabstinenten Aufklärung, die historisch ausgezogen war, den Gemütszustand »einer herzlosen Welt« und den »Geist geistloser Zustände« zu überwinden – und versagte –, haben dem Atheismus geschichtlich gleichsam den Boden entzogen. Religiöser Fundamentalismus feiert wieder Urständ in allen Weltreligionen, infiltriert das Politische und nährt die Ideologisierung zunehmender sozialer Verelendung in der Welt. Diesen Pendelschlag der Geschichte gilt es erneut anzuvisieren. Fehlgeleitetes muss reflektiert, Aufklärung ihre ursprüngliche Emanzipationsemphase rückgewinnen. Falscher Trost samt Vertröstung auf den Himmel darf nicht in neuem ideologischem

Gewand expandieren. Von Gott ist nach wie vor nichts zu erwarten. Der Mensch muss wieder wahres Subjekt der Geschichte werden wollen. Was er dabei revolutionär zu erkämpfen hat, muss er ohne Gott, aber auch ohne Vergottung der Gottlosigkeit und Anbetung neuer Götzen verrichten. Einsam mag er sich damit fühlen. Aber er hat keine Wahl. Er muss sich zur Realität erziehen, wenn der »Geist geistloser Zustände«, wenn das »wirkliche Elend« historisch bekämpft und radikal überwunden werden soll.

Die historisch bereits stattgefundene Säkularisierung verschiedener Weltregionen ist nicht gerade von durchschlagendem, geschweige denn eindeutigem Erfolg gekrönt worden. Der mit diesem Problem befasste philosophische und sozialwissenschaftliche Diskurs ist mittlerweile zu Einsichten gelangt, die der ursprünglich sich primär auf aufklärerisch-rationalem Grund bewegenden Debatte um Religionskritik Kategorien entgegensetzt, die die emanzipative Auseinandersetzung mit der ideologischen Dimension von Religion zutiefst erschweren, wenn nicht gar von Grund auf infrage stellen. Denn was sich noch bei Marx als eine im Gesellschaftlichen verankerte, darum aber letztlich doch kognitive Bewusstseinsfrage ausnimmt, verlagert sich bei Freud auf die Sphäre psychischer Bedürfnisse, womit zunächst der rein rational bestimmte (historische) Weg der Überwindung von Religion verbaut ist. Wenn psychische Bedürfnisse sich im Wesen gesellschaftlich erklären lassen, als solche sich aber ihrerseits affirmativ auf die Gesellschaftsformation auswirken, befindet man sich gleichsam im zivilisatorischen Kreislauf, aus dem es kein schlichtes Entrinnen gibt. Namentlich muss dabei zweierlei bedacht werden: Zum einen die kulturelle Delegierung der Funktion, die traditioneller Gottesglaube als Vaterersatz erfülltc, auf Bereiche des Kollektiven, die ihrem ursprünglichen religiösen Impuls enthoben zu sein scheinen. So hat vor allem die Theorie des autoritären Charakters der klassischen Frankfurter Schule den Wirkzusammenhang von sozial formierten psychischen Bedürfnissen, welche der über Religion sich zivilisatorisch reproduzierenden Vatersuche genuin verschwistert sind, Ideologiebildung und historisch-politischen Konstellationen in bahnbrechender Weise herauszuarbeiten vermocht. Zu reflektieren wären also nicht nur gesellschaftliche Strukturen, in denen sich Religion direkt repressiv-reaktionär auswirkt, sondern auch jene Erscheinungen der säkularisierten Moderne, in denen das einst religiös Regressive neue Formen politischer Ideologiebildung angenommen hat, welche den religiösen Ursprung als solchen gar nicht mehr erkennen lassen. Zum anderen aber wäre zu bedenken, wie sehr sich der infolge eklatant defizitärer Säkularisierung als Autoritätssuche manifestierende Religionsersatz mittlerweile in den autoritären Formen der modernen Kulturindustrie niedergeschlagen hat und dort, ohne als solcher kenntlich zu sein, sein Unwesen treibt.

# Anmerkungen

Dieses Kapitel ist die deutsche Übersetzung von: Moshe Zuckermann, Freud's Conception of Religion within the Context of the Modernist Critical Discourse, in: Wolfgang Müller-Funk, Inge Scholz-Strasser, Herman Westerink (eds.), *Psychoanalysis, Monotheism and Morality*, Leuven 2013, pp.63-73

1.  Karl Marx, Zur Kritik der Hegelschen Rechtsphilosophie, in: *MEW*, Bd.1, S.378.
2.  Heinrich Heine, Deutschland ein Wintermärchen, Caput 1, in: Heinrich Heine, *Schriften* (hrsg. Von Klaus Briegleb), Frankfurt/Main – Berlin – Wien 1981, S.577.
3.  *Ebd.*, S.378.
4.  *Ebd.*
5.  *Ebd.*
6.  Karl Marx, Thesen über Feuerbach, in: *MEW*, Bd.3, S.534.
7.  *Ebd.*, S.535.
8.  *Ebd.*
9.  In seiner Schrift »Totem und Tabu« geht Freud von einer Hypothese aus, derzufolge in einer frühmenschheitlichen Urhorde der gewalttätige Aufstand der Söhne gegen einen fanatisch auf seine Alleinherrschaft pochenden Vater stattgefunden habe. Die Ermordung des Vaters gilt Freud als kollektiver »Urvatermord«, der nicht nur in Analogie zu dem, was im einzelmenschlichen Fall als Ödipalkonflikt dargestellt wird, gedacht werden muss, sondern auch als zivilisatorische Ursache der Entstehung von Religion.
10. Sigmund Freud, Die Zukunft einer Illusion, in: *Studienausgabe*, Bd. IX, Frankfurt/Main 1982, S.163ff.
11. Arthur Schopenhauer, *Die Welt als Wille und Vorstellung*, 1819–1859.
12. Diese Abhandlungen sind allesamt versammelt in: *Studienausgabe*, Bd. IX, Frankfurt/Main 1982.
13. Sigmund Freud, Massenpsychologie und Ich-Analyse, in: *Studienausgabe*, Bd. IX, Frankfurt/Main 1982, S.114.
14. Vgl. hierzu: Theodor W. Adorno, *Studien zum autoritären Charakter*, Frankfurt/Main 1973.
15. Heinrich Heine, *Zur Geschichte der Religion und Philosophie in Deutschland*, in: *Sämtliche Schriften*, Bd.5, Frankfurt–Berlin–Wien 1981, S.594f.

# Kants Religionsschrift, Freud und die Moderne

Im vorigen Kapitel ging es um den allgemeinen Diskurskontext des 19. Jahrhunderts, in welchem der Freud'sche Zugang zur Religion eingebettet, mithin anzuvisieren ist. In diesem Kapitel soll eine gesonderte Betrachtung dem Vergleich zwischen Kant und Freud gewidmet werden, nebst eines für den hier erörterten Zusammenhang relevanten Seitenbezugs zum Politischen bei Kant. Damit wird sowohl der gewichtigen Bedeutung von Religionskritik als auch von Kant – dem herausragenden Ausgangspunkt allen philosophischen Denkens im 19. Jahrhundert – Rechnung getragen.

Noch heute, über 200 Jahre nach ihrem Erscheinen, kann man sich der Sogwirkung von Kants Schrift »Die Religion innerhalb der Grenzen der bloßen Vernunft«[1] kaum entziehen. Freilich erst, wenn man sich ihrer Lektüre unterzieht, was nicht selbstverständlich zu sein scheint, denn es handelt sich um eine Schrift, die innerhalb der weltweiten, voluminösen Kant-Rezeption eine eher stiefmütterliche Behandlung erfahren hat. Der primäre Grund hierfür mag darin liegen, dass das, was von der Aufklärungsphilosophie im Hinblick auf den Stellenwert der Vernunft – als säkularisiertem Gegenentwurf zum traditionellen Deutungsprimat von Religion und Theologie – zu erwarten wäre, von Kant in seinen drei großen Kritiken ohnehin schon geleistet worden ist. Was die Vernunft dem religiösen Aberglauben entgegenzusetzen hätte, wird in diesen Monumentalwerken mit solcher Gründlichkeit *positiv*, mithin durch die Bestimmung der Vernunft selbst, erörtert und ausgeführt, dass die *negative* Absetzung der überkommenen Religion von den neuen Perspektiven der Vernunft für überflüssig erachtet werden mag. Und doch – oder gerade deshalb – darf gefragt werden, was Kant letztendlich mit seiner Religionsschrift bezweckt habe. Denn eine Sache ist es, die Religion in ihrer institutionalisierten Empirie, als ein geschichtlich Gewordenes zu hinterfragen; eine ganz andere, das Wesen des Religiösen schlechthin, den Gottesglauben als solchen, kritischer Fragestellung zu unterwerfen.

Kants Religionsschrift fügt sich nahtlos in den philosophischen Logos der drei großen Kritiken ein. Dabei gilt es zunächst festzustellen, dass Kant, den in der »Kritik der reinen Vernunft« bestimmten Vernunftsgrenzen folgend, den Gottesglauben, insofern er durch Wissen bewiesen werden soll, aus dem Bereich jeglichen Vernunftsdiskurses verweist. Unmöglich ist es bei ihm geworden, etwas mit den Mitteln der theoretischen Vernunft über Freiheit, Unsterblichkeit und Gott zu sagen.

Im Grunde wäre damit die Frage der Beziehung zwischen Religion und Vernunft abgehakt: Die bei Descartes, dem großen neuzeitlichen Philosophen der Vernunft, noch deutlich vorherrschende Frage nach der Möglichkeit des rationalen Gottesbeweises, erledigt sich gleichsam bei Kant durch die rigorose Ausgrenzung des Gottesglaubens aus dem Spielfeld reiner Vernunft. Nun stellt sich aber heraus, dass Religion somit noch lange nicht aus Kants Philosophie verwiesen ist. Denn zwar können Freiheit, Unsterblichkeit und Gott nicht vernünftig bewiesen werden, aber geglaubt werden können sie – als regulative Ideen – allemal; ja, folgt man der von Kant stringent erörterten praktischen Vernunft, *müssen* sie sogar geglaubt werden.

In dieser Diskrepanz zwischen Wissen und Glauben liegt die Sprengkraft des von Kant in seiner Religionsschrift elaborierten Anliegens. Denn zwar braucht sich der Diskurs der reinen Vernunft nicht um die Frage der Existenz Gottes zu kümmern, aber das heißt mitnichten, dass diese Frage aus dem Bereich philosophischer Erörterung entsorgt worden wäre. Für Kant ist ja der Glaube an Gott *praktisch* schon dadurch gegeben, dass man moralisch handelt. Anders ist konsequentes moralisches Handeln gar nicht erst denkbar, wobei ihm Moral selbst eine zentrale Kategorie ist, und zwar eine, die sogar Vorrang vor der Religion beanspruchen darf, insofern Moral das Ursprüngliche, Religion hingegen lediglich ein Hinzugekommenes ist. Wenn also die menschlichen Pflichten qua Moral bereits im Sittengesetz verankert sind, so ermöglicht uns die Religion, unsere Pflichten als göttliche Gebote zu erkennen, was aber die Religion letztlich darauf reduziert, die sich aus dem Sittengesetz ableitenden Pflichten mit der Aura des Göttlichen abzusegnen. Es mag so besehen scheinen, als erwiese sich Religion samt des ihr wesenhaft inhärenten Gottesglaubens für Kant als geschichtliches Epiphänomen des vorrangigen Sittengesetzes. Das mag auch insofern stimmen, als es Kant um die Deckung von Religion und Moral geht. Es stellt sich indes heraus, dass Gott – bei aller Ausgrenzung aus der Vernunftphilosophie – letztlich doch durch die Hintertür in Kants Denken »zurückkehrt«. Paradigmatisch manifestiert sich dies an dem, was Kant als das Problem der *Glückswürdigkeit* darstellt. Denn zum einen soll sich der Mensch durch höchste Tugend ultimativer Glückseligkeit würdig erweisen; zum anderen ist aber die reale Fähigkeit des Menschen, diesen Zustand in *dieser* Welt zu erlangen, von vornherein beschränkt – der Mensch ist eben, was zu diesem Zweck unbedingt erforderlich wäre, kein reines Vernunftwesen, sondern von Natur auch ans Sinnliche gekettet. Es ist nun diese Diskrepanz zwischen dem real möglichen Glück und der rigoros geforderten sittlichen Glückswürdigkeit, mithin dem mit sittlicher Unbedingtheit angestrebten Guten – d. h. also, die unabdingbare Forderung, dass der Mensch danach strebe, sittlich zu sein, bei gleichzeitiger Gewissheit, dass er dafür im diesseitigen Leben kaum je »entlohnt« werden könne –, die Kant notwendig zur (letztlich religiösen) Vorstellung eines der sittlichen Persönlichkeit zugutekommenden gerechten Ausgleichs im jenseitigen Leben führt. Anders gesagt: Wenn Kant zum einen das Postulat der Erfüllung sittlicher Pflicht ohne Rücksicht auf irdische Glückseligkeit, mithin der Glückswürdigkeit aufstellt, zum anderen aber auch ein Verlangen der Vernunft nach ausgleichender Gerechtigkeit behauptet, dann kommt er gar nicht umhin, die Lösung des Problems ins Jenseits zu delegieren und in die Hände eines höheren Richters zu legen. Gott kann also nicht vernünftig bewiesen werden, aber er muss vorausgesetzt werden, damit ein Zentralanliegen der Vernunft, namentlich die ausgleichende Gerechtigkeit für das im Diesseits unentlohnte sittliche Handeln, überhaupt möglich werde.

Man hat es also im Verhältnis von Vernunft und Religion bei Kant mit zweierlei möglichen Sichtweisen zu tun. Denn wenn man von der Annahme ausgeht, dass ein Gesetz dann als *göttlich* zu gelten hätte, wenn Vernunft und Moral (Sittlichkeit) in ihm zur vollen

Deckung gelangt sind, dann kommt es darauf an, wie man diese Behauptung interpretiert: Geht es Kant darum, einen bestimmten Sinn der Heiligen Schrift mit dem, was der Vernunft heilig ist, in Einklang zu bringen? Oder ist er bestrebt, Religion lediglich als Moral auszuweisen, deren philosophische Begründung freilich mit den (säkularen) Mitteln der praktischen Vernunft vollauf geleistet werden kann? Dabei stellt sich nun die Frage: Hat man es hierbei mit einer Entgottung der Religion zu tun – und was wäre das dann für eine Religion? Oder handelt es sich darum, der Religion *aufgeklärt* auf die Sprünge zu helfen, indem man die in sie eingegangene Moral und das in dieser sedimentierte Sittengesetz ins Begriffsgestell der praktischen Vernunft einmünden lässt – und was wäre das dann für ein Gott, der einem solchen Religionsbegriff subsumiert ist?

Bei aller Brisanz der erkenntnistheoretischen Fragestellung Kants, kommt man am Ende nicht um die Einsicht herum, dass die von ihm vollführte Reduktion der Religion auf Moral bzw. das Bestreben, Religion vernünftig zu durchdringen (was letztlich aufs Gleiche hinausläuft), den Gottesbegriff zwar nicht mehr Gegenstand einer *rein* vernünftigen Beweisführung sein lassen kann, jedoch – zumindest im Rahmen des *praktischen* Vernunftsdiskurses – mutatis mutandis weiterhin bestehen lässt. So radikal sich Kant als Meisterdenker des autonomen, aufgeklärten Vernunftssubjekts erweist, entledigt er sich nicht des Gottes in seinem Denken, sondern belässt ihn als eine die Hoffnung auf ausgleichende Gerechtigkeit im Jenseits stillende Instanz. Die Erörterung der Religion innerhalb der Grenzen der bloßen Vernunft läuft nicht auf eine Entgottung der Religion hinaus.

Das genau war es aber, worauf die neuzeitliche Aufklärung, die die
»Entzauberung der Welt« und eine zunehmende Säkularisierung
vieler Lebensbereiche mit ingangsetzte, tendenziell absah. Kant
kann im Hinblick auf diese aufklärungsbeseelte Gesamttendenz als
Vorläufer eines epochemachenden Umdenkens und rigoroser Neu-
bewertung von Religion gesehen werden; die radikale *Loslösung* von
ihr sollte indes seinen philosophischen Abkömmlingen vorbehalten
bleiben. Denn eine Sache war es, die Bedürfnisse aufklärerischen
Vernunftdenkens mit den herkömmlichen Glaubenssätzen der Religion in eine (wie immer kompromissgeschwängerte) »harmonische«
Synthese zu bringen; eine ganz andere, Religion in ihrer Immanenz,
zugleich aber auch in ihrer zivilisatorischen Funktion radikal in Frage
zu stellen. Zentral war in diesem Zusammenhang die Frage nach
der Existenz Gottes. Sie konnte mit Kant, wie dargelegt, aus dem
philosophischen Vernunftdiskurs exiliert bzw. kraft des ominösen
Begriffs der »Glückswürdigkeit« durch die philosophische Hintertür
wieder eingeschleust werden. Sie konnte auch mit Fichte – Kants
Glückswürdigkeits-Begriff samt seinen jenseitigen Implikationen
konterkarierend – wieder ins diesseitige Leben transportiert werden,
indem das Streben nach tugendhafter Vollkommenheit im Sinne des
Sittengesetzes selbst als Seligkeit, mithin als Glück nach getaner
Pflicht, begriffen wurde, womit sich denn auch ein Gott außerhalb
der sittlichen Weltordnung erübrigte. Die lebendige und wirkende
moralische Ordnung sei Gott, postulierte Fichte.[2]

Aber es war erst das Denken Ludwig Feuerbachs, das einen
wahrhaft revolutionären Paradigmenwechsel in der Religionskritik
herbeiführte, indem er die Religionskritik ihrer idealistischen Grund-

lage entriss, um sie auf die Basis einer materialistischen Weltsicht zu stellen.[3] Feuerbachs Programm war eindeutig: Der Gegenstand des Menschen sei nichts anderes als sein gegenständliches Wesen selbst. Wie der Mensch denke, mithin gesinnt sei, so sei auch sein Gott; Gott habe mitunter nicht mehr Wert als der Mensch, der ihn denkt. Denn das Bewusstsein Gottes sei das Selbstbewusstsein des Menschen, die Erkenntnis Gottes sei die Selbsterkenntnis des Menschen. Feuerbach begreift also Religion als die Vergegenständlichung des menschlichen Wesens, wobei sein Hauptaugenmerk darauf gerichtet ist, das von der Religion für übernatürlich Ausgegebene auf seine natürlichen Fundamente zurückzuführen. Konkreter: Was die Religion als einen vom Menschen unabhängigen Gott ausgibt, ist Feuerbach zufolge in Wirklichkeit die Natur; die Eigenschaften Gottes müssen demnach als Prädikate der Natur aufgefasst werden. Feuerbach vollzieht also den bedeutenden Schritt einer *Anthropologisierung* der Theologie, der zufolge der vermeintliche Gott des Menschen nichts anderes sei als des Menschen vergöttertes Selbst, womit denn der religiöse Glaube und die ihn fundierende Theologie letztlich auf eine – dem Menschen freilich nicht bewusste – Projektion hinausläuft.

Wie bereits dargelegt, ging der von Feuerbach beeindruckte junge Marx in seiner Kritik dessen Ansatzes einen Schritt weiter, indem er zwar zu würdigen wusste, dass Feuerbach das religiöse Wesen in das menschliche aufgelöst habe, im Übrigen aber monierte, Feuerbach hätte dabei übersehen, dass dieses menschliche Wesen kein »dem einzelnen Individuum innewohnendes Abstraktum«, sondern »das Ensemble der gesellschaftlichen Verhältnisse« sei, in denen er lebt. Was von Feuerbach vom Himmel auf die Erde bzw. in die Natur geholt wurde, begreift sich also bei Marx als ein Gesellschaftliches – als das Produkt einer bestimmten Gesellschaftsform. Rigoros ist somit eine ihrem Wesen nach *atheistische* Position gegenüber Gott und Religion benannt, die den Menschen in aufklärerischer Absicht des Chimärenhaften seines religiösen Glaubens berauben soll, um ihn mit umso größerer sozialphilosophischer Verve auf die Wirklichkeit seines realen gesellschaftlichen Daseins, dessen er sich zu bemächtigen hätte, zu verweisen. Zugleich ist sich Marx freilich bewusst, dass die postulierte Loslösung von der – ihres illusionären Charakters überführten – Religion alles andere als leicht verlaufen könne, wie bereits oben ausgeführt.

Zurück zu Kant, um den es ja in diesem Kapitel geht: Sein Verhältnis zu Staat und Macht bzw. zur Politik weist eine ähnliche »Verzagtheit« auf wie sein Verhältnis zur Religion. Es geht dabei um immanente Elemente seiner Philosophie, welche im Folgenden – nichts zuletzt um des Vergleichs mit Freuds Denken willen – kurz angerissen werden sollen.

Da Kant dezidiert Praxis und Theorie auseinanderhält, stützt er seinen Freiheitsbegriff letztlich auf eine historische Fiktion, in der alle gesellschaftlichen Subjekte einer jedweden materiellen Abhängigkeit entledigt sind. Detlev Claussen schreibt dazu: »[…] [E]r konstruiert eine Gesellschaft von *Herren*, deren Bestimmungen Freiheit, Gleichheit und Selbständigkeit sind. Der Emanzipation von so bestimmten gesellschaftlichen Subjekten steht keine materielle Not im Weg, sondern es gilt nur die Vernunftbegabung zu entfalten – nicht durch Revolution, sondern durch Aufklärung: ›Aufklärung ist der Ausgang des Menschen aus seiner selbstverschuldeten

Unmündigkeit.‹ Gewalt ist nicht nötig, um sich zu emanzipieren
– sondern Gewalttätigkeit gefährdet die Realisation der Vernunft«.[5]
Kant verneint also die gewalttätige Auflehnung gegen die Autorität
als Mittel, um Emanzipation zu erlangen und stellt an ihrer statt
einen Emanzipationsbegriff, der sich von der Unterwerfung unter
die Autorität zur Umgehung der Gewalttätigkeit ableitet. Das Problem, das Kant beschäftigt (theoretisch zu formulieren, wie sich die
im Naturzustand durch Chaos und Gewalttätigkeit entstehenden
Bedrohungen bezwingen lassen), ist in gewissem Sinne auch die von
Freud angegangene Problemstellung, namentlich die Eroberung
weiter Teile des Es durch das bewusste Ich.

Wie Kant ist auch Freud Anhänger der Aufklärung; auch er ist
um den »Ausgang des Menschen aus seiner Unmündigkeit« bemüht,
mithin um die Bewältigung der infantilen Reste seiner psychischen
Bedürfnisse. Während Freud jedoch das quasi unumgänglich gewalttätige Element des »Vatermordes« und den Preis der Ambivalenz im
Kampf um die Emanzipation als Faktoren der Auseinandersetzung
herausstreicht, umgeht Kant den Gegenstand der Auseinandersetzung und begreift ihre Preisgabe als das eigentliche Ziel, welches
einzig durch die Unterwerfung unter den »Vater« (die Autorität) zu
erreichen ist. Es bleibt sich, so besehen, gleich, ob Kant Anhänger der
Republik oder der aufgeklärten Monarchie war, er verfocht letzten
Endes den Gehorsam dem Recht gegenüber als Mittel zur Wahrung
der Freiheit und den Gehorsam der Autorität gegenüber als Mittel
zur Wahrung des Rechts. Nicht von ungefähr weist Claussen auf die
Widersprüchlichkeit in Kants Haltung zum Widerstandsrecht hin,
wie denn Walter Grab nicht zufällig bemerkt, dass »Kants ambiva-

lente Haltung zur Revolution – seine Befürwortung der Theorie und seine Ablehnung der Praxis« auch aus seinen Äußerungen zur Hinrichtung Ludwigs XVI. hervorgegangen ist.[6]

Dies bedarf der Erörterung. In der »Metaphysik der Sitten« schreibt Kant in Bezug auf die Hinrichtung eines Monarchen: »Die formale *Hinrichtung* ist es, was die mit Ideen des Menschenrechts erfüllte Seele mit einem Schaudern ergreift, das man wiederholentlich fühlt, so bald und so oft man sich diesen Auftritt denkt, wie das Schicksal Karls I. oder Ludwigs XVI. Wie erklärt man sich aber dieses Gefühl, was hier nicht ästhetisch (ein Mitgefühl, Wirkung der Einbildungskraft, die sich in die Stelle des leidenden versetzt), sondern moralisch, der gänzlichen Umkehrung aller Rechtsbegriffe ist? Es wird als Verbrechen, was ewig bleibt, und nie ausgetilgt werden kann [...], angesehen, und scheint demjenigen ähnlich zu sein, was die Theologen diejenige Sünde nennen, welche weder in dieser noch in jener Welt vergeben werden kann [...]«.[7]

Es erhebt sich die Frage: Warum erschaudert Kant beim Gedanken an die Aufhebung des Rechtsprinzips? Es scheint, als liege die Antwort hierauf in dem, was Claussen die »pessimistische Anthropologie« des Denkers nennt. Kant ist sich der in der animalischen Natur des Menschen lungernden Gefahren wohl bewusst; er entsetzt sich angesichts der möglichen Herrschaft jenes stürmischen Energiefeldes von Trieben und Leidenschaften, die unentwegt nach Befriedigung streben. Ähnlich wie Hobbes geht er davon aus, dass die Menschen im Naturzustand einander feindlich seien, weil das beherrschende Prinzip dieses Zustands, in welchem es zu überleben gilt, die Befriedigung der Bedürfnisse des Einzelnen ist, die unweigerlich auf Kosten anderer gehen muss. Das bestimmende Prinzip des Naturzustands ist das (von Freud als das Es dominierend beschriebene) Lustprinzip, eben das der Bedürfnisbefriedigung. Kant vertritt die Anschauung, dass die Kanalisierung der den Naturzustand durchwirkenden Gewalttätigkeit in eine zentral organisierte Macht mit Herrschaftsmonopol unumgehbar sei.[8] Das Prinzip des Staatsrechts gerinnt somit zum Mittel der Eliminierung der die Menschheit bedrohenden Gefahr des Naturzustands, was sich mit dem Realitätsprinzip analogisieren lässt, dessen Aneignung Freud durch den als soziales Wesen lebenden Einzelnen für unabdingbar erachtet. Kant selbst überschreitet die Trennlinie zwischen den ontogenetischen und philogenetischen Ebenen, verbindet mithin das »Schaudern« des Menschen angesichts der Hinrichtung des Königs mit dem Prinzip des Staatsrechts. Er meint dazu: »Die Erklärung dieses Phänomens im menschlichen Gemüte scheint aus [...] Reflexionen über sich selbst, die selbst auf die staatsrechtlichen Prinzipien ein Licht werfen, hervorzugehen«.[9] Das »Schaudern«, das Kant beim Gedanken an die Aufhebung des Rechtsprinzips erfasst, ist also die Angst vor dem Chaos in der sozialen Sphäre und vor der Herrschaft der Leidenschaften beim Individuum. In der Hinrichtung Ludwigs XVI. ergeben sich für ihn zwei Möglichkeiten der Rezeption: die Auflehnung gegen die Autorität als emanzipative Tathandlung oder aber als Rückfall ins Chaos.

Zurück nun zur Religionskritik und mit ihr zur Frage: Hat die »Entzauberung der Welt« (vor allem der westlichen) – ihre sich nicht nur im philosophischen Diskurs der Moderne niederschlagende Säkularisierung – zugleich auch die von ihr postulierte, mit der

Loslösung vom traditionellen religiösen Weltbild einhergehende, durch Aufklärung und Revolution forcierte Emanzipation des Menschen gezeitigt? Sind die menschlichen Befreiungsverheißungen von Aufklärung und Moderne allgemeine lebenspraktische Wirklichkeit geworden? Eine eindeutige, sich allzu apodiktisch gebende Antwort hierauf verbietet sich. Denn nicht nur kann kaum bezweifelt werden, dass die Überwindung der religionsdominierten, bis in die frühe Neuzeit reichenden Welt des okzidentalen feudalen Mittelalters eine umwälzende Verbesserung der ökonomischen, politischen und kulturellen Lebensbedingungen des Menschen zur Folge hatte; sondern auch die mittlerweile allzu leichtfertig, ja schnöde abgewunkene Autonomisierung des Einzelmenschen, das legitimierte Hinhorchen auf authentische Individualbedürfnisse können als Kriterium für einen wie immer prekären Fortschrittsbegriff der Moderne in Anschlag gebracht werden. Man erweist kritischem Denken keinen Gefallen damit, dass man kaum bezweifelbare Errungenschaften von der Warte einer modisch-kritischen Selbstinszenierung aus in Abrede stellt. In einer Welt, in der jährlich Millionen von Kindern in Regionen, die noch gegenwärtig vom fundamentalen Mangel gebeutelt sind, an Hunger, Unterernährung und (heilbaren) Krankheiten sterben, kann die drastische Verminderung von Kindersterblichkeit nicht anders als fortschrittlich gewertet werden – sie ist kein Kinderspiel und gewiss kein Gegenstand ideologischer Grabenkämpfe.

Zugleich können aber die Auswirkungen dessen, was Horkheimer und Adorno als »Dialektik der Aufklärung« apostrophiert und erörtert haben, schlechterdings nicht übersehen werden. Schon in den Anfangssätzen ihrer berühmt gewordenen Schrift erweist sich der zwiespältige Charakter der Aufklärung (und der Moderne) als eine im Zivilisationsprozess angelegte Gesamttendenz der Verschwisterung von Emanzipation und Herrschaft, von Befreiungs- und Fortschrittspraxis und einem repressiv sich ausbildenden Dasein des Menschen: »Seit je hat Aufklärung im umfassenden Sinn fortschreitenden Denkens das Ziel verfolgt, von den Menschen die Furcht zu nehmen und sie als Herren einzusetzen. Aber die vollends aufgeklärte Erde strahlt im Zeichen triumphalen Unheils. Das Programm der Aufklärung war die Entzauberung der Welt«.[10] Der auf Max Weber anspielende Begriff der Entzauberung der Welt meint zwar zum einen die Loslösung vom magisch-religiösen Weltbild, bezieht sich aber zum anderen auf die damit einhergehende Rationalisierung des Lebens, wie sie sich seit der frühen Neuzeit (vorwiegend im Westen) herausgebildet hat. Was sich indes noch als ein Moment klassischen aufklärerischen Denkens begreift – die tendenzielle Abschaffung von Gott und Religion als Konstitutivmomente praktischen menschlichen Handelns und die Einsetzung des Vernunftmenschen an ihrer statt –, erscheint hier bereits als ein Problem in sich.

Denn hatte noch die Reformation die Individualisierung des Menschen *innerhalb* der christlichen Religion befördert, mithin einer psychisch fermentierten Anthropologisierung des Einzelmenschen Vorschub geleistet, so erwies sich gerade das Zeitalter der nach und nach sich säkularisierenden Aufklärung, in der die Ideologie des Individuums philosophische und politische Urständ feierte, als Ära einer strukturell forcierten *Ent*individualisierung des Menschen: Die Zerschlagung von Absolutismus und Feudalismus und die Heraufkunft des Industriekapitalismus und der mit diesem sich kristallisierenden bürgerlichen Gesellschaftsformation gingen mit neuen Herrschafts- und Repressionsformen einher, manifestierten sich mitunter als Prozesse entfremdeter Vergesellschaftung und anonymisierender Vermassung der Menschen in der unaufhaltsam sich durchsetzenden Moderne. Die bedeutendsten Sozialdenker des 19. Jahrhunderts wissen um diese Entwicklung und schauen – teils hoffnungsfroh, teils besorgt, allemal ambivalent – in die immer deutlichere Konturen annehmende Zukunft des anbrechenden neuen Zeitalters: Auguste Comtes »Religion der Menschlichkeit«, Marxens Entfremdungsparadigma, Durkheims Anomiephobie[11] samt der sich von dieser ableitenden Solidaritätsanbetung, Webers zunehmendes Misstrauen gegenüber der Machtzunahme des »stählernen Gehäuses« der Bürokratie oder etwa Ferdinand Tönnies' nicht nur analytisch gemeinte Unterscheidung zwischen »Gemeinschaft« und »Gesellschaft« – sie alle bezeugen mutatis mutandis das (latente) Unbehagen gegenüber bestimmten Entwicklungstendenzen und strukturellen Widersprüchen der angebrochenen neuen Epoche.

Was dem jungen Hegel um 1795 noch als Lösung des Freiheitsproblems und als Verwirklichung der ethischen Prinzipien Kants in der neuen Gesellschaft erschien, namentlich die Konstituierung einer »Volksreligion« als Opposition zur althergebrachten christlichen Dogmatik,[12] musste in der kapitalistischen Entwicklungslogik des nachfolgenden Jahrhunderts nach und nach verkümmern. Die Religion hatte im westlichen Diskurs der Moderne endgültig ausgespielt. Damit ist mitnichten etwas über den Fortbestand religiöser Praxis in den Lebenswelten, auch nichts über die Aufrechterhaltung ihrer Institutionen gesagt. Aber die ideologische Wirkmächtigkeit, die ihr von Marx und in gewisser Hinsicht auch von Freud zugeschrieben worden war, und die politische Dominanz, die sie zu Hegels Zeit noch beanspruchen durfte, waren ihr allemal abhandengekommen. Die ersatzreligiöse Funktion des modernen Nationalismus, der Ideologie der Moderne par excellence, sollte sich spätestens im 20. Jahrhundert als wesentlich desaströser auswirken.

In Auschwitz findet die von instrumenteller Vernunft und heteronomer Warenlogik, von verdinglichtem Bewusstsein und struktureller Entfremdung, von einer sich im industriell betriebenen und administrativ verwalteten Vernichtungsexzess entladenden Rassenideologie und antisemitischem Wahn getragene Gesamtentwicklung ihren Kulminationspunkt. Die Entindividualisierung des Einzelmenschen bemächtigt sich selbst noch seines Allerprivatesten – des Todes. »Mit dem Mord an Millionen durch Verwaltung«, heißt es bei Adorno, »ist der Tod zu etwas geworden, was so noch nie zu fürchten war. Keine Möglichkeit mehr, dass er in das erfahrene Leben der Einzelnen als ein irgend mit dessen Verlauf Übereinstimmendes eintrete. Enteignet wird das Individuum des Letzten und Ärmsten, was ihm geblieben war. Dass in den Lagern nicht mehr das Individuum starb, sondern das Exemplar, muß das Sterben auch derer affizieren, die der Maßnahme entgingen. Der Völkermord ist die absolute Integration, die überall sich vorbereitet, wo Menschen gleichgemacht werden, geschliffen, wie man beim Militär es nannte, bis man sie, Abweichungen vom Begriff ihrer vollkommenen Nichtigkeit, buchstäblich austilgt.«[13]

Der »Zivilisationsbruch«, als den man die weltgeschichtliche Katastrophe der Shoah bezeichnet hat – Höhepunkt einer gerade in der Moderne und in der Kultursphäre der Aufklärung radikal stattgefundenen Entmenschlichung des Menschen – bezeichnet zugleich auch die Zäsur dessen, was u. a. mit Kants Vernunftsphilosophie (samt der ihr verschwisterten Religionsschrift) in Gang gesetzt worden war. Denn nicht nur hat sich in Auschwitz eine (zivilisatorische) Gesamttendenz kulminierend objektiviert, die sich der Vernunft versagt, sondern Vernunft selbst hat im besten Fall nichts gegen diese Tendenz vermocht, im erschreckenderen Fall – als instrumentelle Vernunft in ihr Gegenteiliges umschlagend – das Unsägliche aus sich selbst hervorgebracht. 200 Jahre nach dem Tode des Philosophen ist noch immer nicht ausgemacht, ob seine in aufklärerischer Absicht vorgenommene Religionskritik eine Entgottung der Religion oder eher ihre Reduktion auf Vernunftmoral zum Ziel hatte. Der von dieser markanten philosophischen Unternehmung wehende emanzipatorische Geist jedenfalls hat späterhin, im entscheidenden Moment, versagt. Der nach Auschwitz formulierte neue kategorische Imperativ ist der ohnmächtige Seufzer der bedrängten Philosophie, das Gemüt einer zivilisierten Welt, die den Rückfall in die Barbarei vollzogen hat. Er wendet sich an den Menschen im Stande der Unfreiheit. Nur schwach noch, fahl, scheint die Verheißung der Freiheit selbst.

# Anmerkungen

Dieses Kapitel ist die erweiterte Fassung von: Moshe Zuckermann, Kants »Religions-schrift«. Überlegungen zu Vernunft und Religion auf dem kurzen Weg missglückter Säkularisierung, in: Michael Städtler (Hrsg.), *Kants »Ethisches Gemeinwesen«. Die »Re-ligionsschrift« zwischen Vernunftkritik und praktischer Philosophie*, Berlin 2005, S. 55-62

1.  Immanuel Kant, *Die Religion innerhalb der Grenzen der bloßen Vernunft*, in: Kant, Werke, Bd. 7, Darmstadt 1968
2.  Vgl. Johann Gottlieb Fichte, *Anweisung zum seligen Leben*, Hamburg 1994
3.  Vgl. hierzu: Ludwig Feuerbach, *Das Wesen der Religion*, Heidelberg 1979, S.95ff.
4.  Karl Marx, Zur Kritik der Hegelschen Rechtsphilosophie, in: *MEW*, Bd.1, S.378
5.  Detlev Claussen, *List der Gewalt. Soziale Revolutionen und ihre Theorie*, Frankfurt/Main–New York 1982, S.35
6.  Ebd., S.34; Walter Grab, *Ein Volk muß seine Freiheit selbst erobern. Zur Geschichte der deutschen Jakobiner*, Frankfurt/Main 1984, S.15
7.  Immanuel Kant, *Werke in zehn Bänden*, Darmstadt 1968, Bd.7, S.440f.
8.  Claussen, (wie Anm. 5), S.28
9.  Kant, (wie Anm. 7), S.441
10. Max Horkheimer und Theodor W. Adorno, Dialektik der Aufklärung, in: Max Hork-heimer, *Gesammelte Schriften*, Bd.5, Frankfurt/Main 1987, S.25
11. Émile Durkheim (1858–1917), einer der Urväter der modernen Soziologie, ging von einem auf Harmonie und Gleichgewicht ausgerichteten Gesellschaftsbegriff aus. Als besonders gefährlich sah er die strukturellen Störungen des gesellschaftlichen Gleichgewichts, die er »Anomien« nannte, eine Vorstellung, die dem Begriff des Chaos nahe kommt.
12. Vgl.: G.W.F. Hegel, *Die Positivität der christlichen Religion*, in: *Theologische Jugendschriften* (hrsg. v. H. Nohl), Tübingen 1907, S. 139-148
13. Theodor W. Adorno, *Negative Dialektik*, Frankfurt/Main 1982, S.355

# Angst und Ideologie

Die Verbindung von Politik und Angst darf als axiomatisch gelten.
Von jeher basierte die Machtausübung in einem gewissen Maß
auf der Angst derer, die sich der Herrschaft unterwarfen. In der
Neuzeit war wohl Thomas Hobbes der erste, der diese inhärente Verbindung prägnant auf den Punkt brachte: Die durch einen
fundamentalen ökonomischen Mangel hervorgerufene Gleichheit
im Naturzustand schafft eine durch permanente Unsicherheit und
gegenseitiges Misstrauen gekennzeichnete Realität, die zwangsläufig in den »Krieg aller gegen alle« führen muss, einen Krieg, der
fortwährt, solange die Menschen »ohne eine allgemeine, sie alle
im Zaum haltende Macht« leben. Hobbes beschreibt diesen Krieg
als einen Zustand beständigen Schreckens, in dem das menschliche
Leben »einsam, armselig, ekelhaft, tierisch und kurz« sei; nicht von
ungefähr zählt er unter den verschiedenen Ursachen für das notge-
drungene Übereinkommen der Menschen, sich jener »allgemeinen
Macht« zu unterwerfen, die entscheidendste – »was das Schlimmste
von allem ist« –, nämlich die »beständige *Furcht* und Gefahr eines
gewaltsamen Todes«.[1]

Die These über die Notwendigkeit des Übergangs vom Naturzustand in den herrschaftlicher Souveränität diente Hobbes zur
philosophischen Legitimation der absoluten Monarchie – eine mögliche, wenn auch keineswegs zwingende Folgerung, wie sich alsbald
an Lockes und späterhin Rousseaus politischer Philosophie erweisen
sollte. Gleichwohl erfasste Hobbes ein Wesentliches: die zivilisato-

rische Verkettung von Politischem und Angst. Hobbes' Lehre bezog sich allerdings auf die reale Angst, die rational nachvollziehbare, vom Überlebensinteresse geleitete Reaktion des Angstgetriebenen angesichts einer wirklichen Bedrohung: Jeder Mensch in Hobbes' Naturzustand ist in der Tat durch jeden anderen potenziell bedroht. Dies sei hervorgehoben, denn der Angstbegriff sollte späterhin eine wesentliche Modifikation erfahren. Im hier erörterten Zusammenhang ist primär die von Freud vorgenommene Unterscheidung zwischen Realangst und neurotischer Angst anzuvisieren. Realangst begreift Freud als »eine uns begreiflich scheinende Reaktion auf die Gefahr, d. h. auf erwartete Schädigung von außen«, wohingegen die neurotische Angst als »durchaus rätselhaft, wie zwecklos« erscheinen mag.[2] Freud unterscheidet demnach zwischen der sogenannten »Signalangst«, die der Wahrnehmung realer Gefahren und der Möglichkeit, ihnen durch adäquates Verhalten zu entgehen, dient, und der neurotischen Angst, einer trügerischen, dem Menschen imaginäre Gefahren vorspiegelnden Täuschung. Die Bereitschaft, sich einer solchen Täuschung hinzugeben, erklärt sich für Freud damit, dass sie uneingestandene, von frühen Kindheitserlebnissen herrührende emotionale Bedürfnisse zu befriedigen vermag.[3]

Die sich auf Freud berufende Psychoanalytikerin Thea Bauriedl postuliert einen Zusammenhang zwischen der individuellen und der allgemein-politischen Dimension der Angst. Die Angst sei sowohl in der Politik als auch im persönlichen und psychotherapeutischen Rahmen immer dann »neurotisch« bzw. gefährlich, wenn sie verschoben ist, d. h., »wenn das als angstauslösend erlebte Objekt nur deshalb gefürchtet wird, weil man sich vor ihm scheinbar gefahrlo-

ser fürchtet als vor der eigentlichen Angstquelle«. Die eigentliche
Angstquelle sei aber immer die zugrunde liegende Konfliktsituation.
Für den neurotischen Vorgang der Verschiebung von Angst oder
der Projektion von Gefährlichkeit gebe es sowohl in der Politik als
auch in der Psychopathologie zahllose Beispiele. »Jeder Mensch
manipuliert sich in größerem oder kleinerem Ausmaß selbst, indem
er seine Ängste verschiebt.«[4] Es geht hierbei nicht um die simple
isomorphe Analogisierung von vermeintlich verschiedenen Sphären,
sondern vielmehr um die Einsicht in die wesenhafte Verwurzelung
des Kollektivpsychischen in der Psychologie des Einzelnen bzw.
um das Postulat einer determinanten Wirkung der individuellen
Triebdynamik auf die Kollektivsphäre, wie sie von Freud selbst
dargelegt wurde.[5] Gerade deshalb sollte freilich eine Erörterung
der Wechselwirkung von Individuell- und Kollektiv-Politischem im
Sinne des von Adorno seinerzeit gegen Arthur Koestler erhobenen
Einwands eingeschränkt werden: »Es gibt keine ›politische Neurose‹,
wohl aber beeinflussen psychische Deformationen das politische
Verhalten, ohne doch dessen Deformation ganz zu erklären.«[6] Auf
solcher Grundlage durfte Adorno behaupten, die Struktur des
Faschismus und die gesamte Technik faschistischer Demagogen
sei autoritär[7], zugleich aber auch ausdrücklich hervorheben, dass
»so gewiß der faschistische Agitator bestimmte innere Tendenzen
derer aufgreift, an die er sich wendet, so tut er das doch als Agent
mächtiger wirtschaftlicher und politischer Interessen«.[8]

Dies ist für die weiterfolgenden Überlegungen von Bedeutung.
Es belangt mithin das dialektische Verhältnis von als »Kitt« des
sozial-politischen Systems fungierenden psychischen Bedürfnissen

und selbigem System, das besagte Bedürfnisse ideologisch »erweckt«, reproduziert und affirmativ verfestigt. Die Bedürfnismanipulation im Dienste heteronomer Interessen ist, so besehen, in zweierlei Hinsicht ideologisch: Zum einen verfrachtet sie die letzten Reste des Authentischen an den (wie immer pathologischen und deformierten) Bedürfnissen in die Tauschsphäre und objektiviert so die emotionalen Bedürfnisse, verwandelt sie in Waren; zum anderen betreibt sie die Konservierung, fortwährende Formung und gelegentliche Befriedigung nämlicher Bedürfnisse und versichert sich so ihrer Funktion als Bedürfnisse, als etwas also, das sich nur noch vermittels seiner Befriedigung eliminieren lässt (bzw. durch die Errichtung eines Systems, das der Pathologie jener Bedürfnisse für seinen Fortbestand nicht mehr bedürfte).[9]

Das unter anderem meinte wohl seinerzeit Alexander Mitscherlich, als er behauptete: »Die Angstbeengung, die in jeder Tradition sowohl aufrechterhalten wie in der Befolgung der Gebote beschwichtigt wird, steht uns auf Schritt und Tritt im Wege. An die Umstände sind immer harte Interessen geknüpft, man kann ihnen nur entgegentreten, wenn man die Angst überwindet, die zu ihrer Wahrung erweckt wird. Die ideologisch manipulierte Angst ist kein Schutzmechanismus der Arterhaltung, sondern eine zweifelhafte Taktik, die man am besten mit Zweifel abwehrt.«[10] Nun ist aber die Angstmanipulation nicht notwendig an konkreten Personen oder Institutionen auszumachen. Sowenig es jemals wirklicher »Weisen von Zion« zur Verfassung und Verbreitung ihrer »Protokolle« bedurfte, so ist die Ideologisierung der Angst nicht unbedingt an ein bestimmtes Subjekt gebunden. Das ist es ja, was ihren manipulativen

Charakter ausmacht: Objektiv dient sie immer einem bestimmten Interesse, ohne dass es der Manipulierte unmittelbar erkennt (zumeist ist er zu sehr mit seiner Angst beschäftigt), zuweilen auch ohne dass der Manipulierende selbst sich des ihn leitenden Interesses ständig bewusst ist. Haben sich die Rationalisierungen von manipulierenden Trägern partikularer Interessen und deren »Opfer« dermaßen ineinander vermengt und verfestigt, dass sie kaum mehr auseinanderzuhalten sind, kann man von einer übergreifenden Ideologie, einem kollektiven »falschen Bewusstsein« (»nationalem Konsens« etwa), sprechen.

Drei Zentralachsen der Angst lagen der Entfaltung der israelischen politischen Kultur von ihrem Anbeginn zugrunde: eine aufgrund der langen, von Verfolgungen gezeichneten Diasporageschichte der Juden gleichsam archaische Angst; eine im nachhaltigen Trauma der Massenvernichtung des europäischen Judentums wurzelnde Angst; und eine aktuelle, durch die Sicherheitslage des Staates Israel und seine wiederholten Kriege mit den benachbarten arabischen Staaten fortwährend genährte Angst. All diese Angstquellen haben ihre reale Basis. Zwar geht man fehl in der Darstellung der jüdischen Diasporageschichte als einer durchgehend sich vollziehenden Leidenschronik von Gewalt, Verfolgung und Repression; es ist aber auch nicht zu bezweifeln, dass diese in der Tat einen zentralen Faktor der jüdischen Geschichte ausmachten und eine entsprechende formative Wirkung auf das jüdische Kollektivgedächtnis ausüben. Man kann auch der Auffassung widersprechen, der zufolge Israel durchwegs »gerechte«, namentlich *Verteidigungs*kriege gegen arabische Aggression geführt habe; man kann aber (und sollte auch)

nicht den akkumulativen Einfluss dieser Gewaltkonflikte auf das
öffentliche Bewusstsein der israelischen Juden und auf deren, wenn
meist auch unterschwelligen, Sorge angesichts der permanenten
Möglichkeit eines blutigen Krieges ignorieren. Schon gar nicht zu
sprechen vom Holocaust, dessen Gewaltmonstrosität die menschliche
Vorstellungskraft ohnehin bei weitem übersteigt; nicht von ungefähr hat man in seinem Zusammenhang von »Zivilisationsbruch«
gesprochen.[11] Die nun folgende Erörterung bezieht sich nicht auf
diese reale Basis der Angst, wobei allerdings hervorgehoben sei:
Diese reale, hier nur lapidar umrissene Basis soll mitnichten in
Zweifel, geschweige denn in Abrede gestellt werden. Gleichwohl
gibt es gute Gründe, die Auslösemechanismen besagter Ängste, vor
allem aber deren verdinglichende Instrumentalisierung in gewissen
israelischen Zusammenhängen anzuvisieren. Das soll im Weiteren
vorgenommen werden.

Israel war von Anbeginn in einem immanenten Paradox be-
fangen: Ideologisch basierte die Errichtung des Staates auf der
kategorischen Doktrin der »Diaspora-Negation«, einer Doktrin, die
ihre Triebkraft nicht nur vom Bewusstsein der jahrhundertelangen
Judenverfolgung und von der Notwendigkeit, das »jüdische Problem«
ein für alle Mal zu lösen, bezog, sondern auch vom Bewusstsein der
immensen Dringlichkeit einer solchen Lösung infolge der Shoah,
einer in solchem Umfang und Ausmaß bis dahin nicht gekannten
Katastrophe, die die Juden gerade im 20. Jahrhundert, zu Mitte des
modernen, sich der europäischen freiheits- und gleichheitsbeseel-
ten Aufklärung rühmenden Zeitalters überkam. Diese negative
ideologische Grundlage musste gleichwohl das Prinzip der immer-

währenden Bedrohung der Juden in der »Diaspora« als konstitutive Bestätigung der Doktrin ihrer Negation und als Legitimation der den »diasporisch« Bedrohten angebotenen Alternative in Form eines existierenden Judenstaates konservieren und verfestigen. Die israelische Ideologie musste also ein Doppeltes leisten: Sie musste den Staat als die politisch verwirklichte *Eliminierung* der von einer unzweifelhaften historischen Erfahrung herrührenden jüdischen Angst präsentieren, zugleich aber auch nämliche Angst doktrinär aufrechterhalten. Es war dabei wohl kaum zu umgehen, dass die Angst ihre ursprüngliche Signalfunktion, mithin ihre eigentliche Bedeutung als zweckdienliche Warnreaktion auf wirkliche Bedrohungen, allmählich verlor: Im Prozess einer zunehmenden Verdinglichung verkam die Angst (so authentisch sie zumindest eine Zeitlang auch sein mochte) schließlich zum wirkungsmächtigen politischen Instrument in den Händen jener, die Israels dominierende Kollektivideologie interessengeleitet sanktionieren.

Das Paradoxe dieser widersprüchlichen Ausrichtung trat vollends zutage, als sich sehr bald (im Grunde schon bei der Staatsgründung) herausstellte, dass das in fortgesetzten blutigen Kämpfen mit seinen arabischen Nachbarn (und nachmals mit den von ihm unterdrückten Palästinensern) verwickelte Israel selbst kein sonderlich sicherer Ort für Juden ist, ja ironischerweise der Ort ist, an dem das jüdische Individuum als solches mehr als sonst wo auf der Welt einer permanenten Bedrohung ausgesetzt ist, mithin, dass sich das schiere Leben in Israel als eine Quelle ersten Ranges für die Entfaltung nie ganz versiegender existenzieller Ängste erweisen mag. Dies erforderte eine gewisse Modifikation der ideologischen Hand-

habung der Angst; nach und nach verwandelte sich die reale Angst
vor einer wirklichen Bedrohung Israels zur kapitalen Grundlage der
israelischen militärischen Sicherheitsdoktrin, welche gleichwohl
ihrerseits der systematischen Aufrechterhaltung der Angst, zuweilen gar ihrer gezielten Entfachung zur Sanktionierung des Prinzips
der Angst-Eliminierung bedarf. Es erübrigt sich hervorzuheben,
dass eine solcherart ideologisierte Wahrnehmung der israelischen
Wirklichkeit weitgehende Auswirkungen auf ebendiese Wirklichkeit, besonders aber auf die in den von Israel besetzten Gebieten
vorherrschende, zeitigen musste. Auf den Punkt brachte dies der
Wissenschaftshistoriker Yehuda Elkana, etwa zwei Monate nach
Ausbruch der ersten Intifada im Jahr 1988, als er schrieb: »Symbolisch
ausgedrückt, sind aus Auschwitz zwei Völker hervorgegangen: eine
Minderheit, die behauptet: ›Es soll nie wieder passieren‹, und eine
verschreckte, furchterfasste Mehrheit, die behauptet: ›Es soll nie
wieder *uns* passieren‹«. Hierauf fußend, äußerte er die Vermutung,
dass »nicht persönliche Frustration die Beziehung der israelischen
Gesellschaft zu den Palästinensern antreibt, sondern eine tiefver-
wurzelte existenzielle Angst, die von einer bestimmten Auslegung
der Holocaust-Lehren zehrt, sowie von der Bereitschaft zu glauben,
die ganze Welt sei gegen uns und wir seien das ewige Opfer«.[12]

Elkana traf mit der Verbindung, die er zwischen der »existenziellen Angst«, der »Auslegung«, dem von dieser abgeleiteten (Aber)
glauben und der Auswirkung all dieser auf Israels politisch-soziale
Praxis herstellte, den Nagel auf den Kopf. Aber auch Elkana – ungeachtet seiner Deutung der »tiefverwurzelten existenziellen Angst«
als *Antrieb* der repressiven Beziehung der israelischen Gesellschaft

zu den Palästinensern – machte letztlich klar, dass diese Angst selbst von einer »bestimmten *Auslegung* der Holocaust-Lehren« und der *Bereitschaft*, sich wirren Meinungen und Vorstellungen hinzugeben, zehre. Es handelt sich also um eine ihrem Wesen nach vermittelte und verarbeitete »Angst« – vermittelt und verarbeitet durch die manipulative Rhetorik von Politikern, Publizisten, Intellektuellen und anderen Protagonisten des öffentlichen »Angst«-Diskurses Israels, eine zuweilen überspannte, nicht immer ihrer selbst bewusste, fast immer jedoch der ideologischen »Angst«-Dialektik, die die israelische politische Kultur durchwirkt, erstaunlich adäquate Rhetorik.

Und so erklärt es sich, dass während Israel jahrzehntelang ein brutal-oppressives Okkupationsregime in den von ihm eroberten Gebieten führt, sich immer wieder Publizisten finden, die apodiktisch zu behaupten wissen, in der »arabisch-muslimischen Welt« herrsche »eine einzige Bestrebung« vor, nämlich »den Judenstaat von der Erdoberfläche auszuradieren«, eine Bestrebung, die »von Neonazis und Antisemiten auf der ganzen Welt mit Begeisterung begrüßt« werde; oder andere, die pauschalisierend über »Orientale, Muslime, Barbaren, Phantasten« schwadronieren. Komplementär dazu vernimmt man auch immer wieder Stimmen, welche die Deutschen allesamt als eine »widerliche Nation, die in ihren Zellen mephistophelische Gene trägt«, apostrophieren, zuweilen auch die kategorische (subjektiv durchaus legitime) Weigerung, Deutschland zu besuchen, mit der neojournalistisch garnierten Furcht begründen, dass sich »gerade, wenn ich meine Einkäufe in Berlin mache, ein Nazi-Putsch ereignen könnte«, und noch – teils ernst, teils frivol augenzwinkernd – hinzufügen, man halte das für

»bedachtsame Vorsicht«. Das Gemeinsame der Beispiele[13] in diesem Gemisch aus simplen, dafür aber umso entschiedeneren Verallgemeinerungen, ethnischem, kulturellem und biologischem Rassismus und leichtfertiger Rhetorik, die sich bereits des minimalen Maßes an Verantwortung für das geschriebene Wort entledigt hat, ist die ideologische Verdinglichung (ja handfeste Verfremdung) der Angst.

Denn so wenig klar ist, warum die Chancen für einen »Nazi-Putsch« im Berlin der letzten Jahrzehnte größer sein sollten als ein kahanistischer Putsch in Jerusalem; sowenig einsichtig ist, worin sich die Struktur der Feststellung »mephistophelischer Gene«, die die deutsche Nation angeblich in ihren »Zellen« trage, sich von der einer parallelen Postulierung »degenerierter Gene des jüdischen Volkes« (im Stil von Behauptungen nazistischer Provenienz) unterscheidet; sowenig man über die Stränge schlägt, wenn man im Gerede über das »Barbarische« des muslimischen »Orientalen« deutliche Überreste kolonialistischer Arroganz und rassistische Spuren westlichen Zivilisationshochmuts ausmacht; und so wenig sich das Gerede über jene vorgeblich »einzige Bestrebung«, die »in der arabisch-muslimischen Welt« vorherrsche, im Prinzip von der pauschalisierenden Aburteilung des Zionismus als »rassistisch« (oder jeder anderen Behauptung ähnlicher Art) unterscheidet – so steht doch auch fest, dass diese Art ideologischer Rhetorik nie gefordert wird, Rechenschaft abzulegen über die Bedeutung ihrer überspannten Apodiktik und eindimensionalen Wertigkeit, über die unerträgliche Leichtigkeit, mit der sie komplizierte Sachverhalte simplifizierend und vorurteilsgeladen abfertigt, und über ihre Selbstgefälligkeit, die sie allzu oft und leicht ins ethnozentrisch Aggressive abgleiten lässt. Der Grund hierfür liegt in der Fetischisierung der historisierenden Selbstgewissheit: Weil sich der Holocaust ereignet hat und eine arabische Feindseligkeit Israel gegenüber ganz ohne Zweifel besteht, hat man gleichsam den »empirischen« Grund (und somit die Legitimation) für die Angst, dass »es wieder passieren wird«, für die Gewissheit, dass »die ganze Welt gegen uns« sei, und für das vermeintlich alternativlose Abfinden mit der implikationsreichen Einsicht, dass das jüdische Volk (in Israel zumal) »allein« sei, also sich ewig wird auf »sein Schwert stützen« müssen, wie wieder von Israels Premierminister als quasi staatsoffizielle Verlautbarung proklamiert.

Mitnichten soll hier behauptet werden, dass die *gesamte* öffentliche Rhetorik in Israel durch diese (wahrlich nur notdürftig umrissenen) Muster gekennzeichnet sei. Die ungleich wichtigere Frage ist gleichwohl, ob diese Kennzeichen für Anderes symptomatisch seien – für eine dem öffentlichen Diskurs zugrunde liegende, latent fortwesende, in normalen Zeiten nur vorbewusst wahrgenommene Kodierungsmatrix nämlich, die dann in kritischen Zeiten (im »Augenblick der Gefahr«, auf den sich die israelische Wirklichkeit permanent ausrichtet) zum Vorschein kommt, wie ein Phönix aus der Asche steigt, und den »allgemeinen Konsens«, geboren aus dem Geist der »Angst«-Ideologie, schlagartig erwachsen lässt. So geschehen etwa zur Zeit des Golf-Krieges von 1991 (einer Zeit wirklicher Angst für viele, wie hervorgehoben werden muss), als nahezu die gesamte israelische Presse in einen hysterischen »Angst«-Strudel und einen in seinen Ausmaßen bis dahin ungekannten »Shoah«-Taumel geriet[14], nur um diese Wochen der Bedrohung bald darauf mit umso hysterischerer Eile und Gründlichkeit aus dem öffentlichen Bewusstsein fast vollends zu verdrängen.

Das Problem der Angst und deren Verdinglichung hängt offenbar aufs Engste mit dem an sich schon komplexen jüdisch-israelischen Kollektivgedächtnis zusammen. Um dies zu veranschaulichen, seien nun einige elementare Aspekte des Holocaust-Andenkens und deren besonderer Niederschlag in Israels politischer Kultur erörtert. Die hierfür angeführten Beispiele sind aus dem nachgerade unerschöpflichen Fundus der in Israel vorherrschenden Instrumentalisierung des Shoah-Andenkens genommen. Wesentlich ältere wie auch neuere Beispiele hätten angeführt werden können, aber das ist unerheblich: das Grundmuster, um das es hier geht, perpetuiert sich (schon seit langem) immerfort.

An einer der Gedenkfeiern anlässlich des alljährlich begangenen »Tages zum Andenken des Holocaust und des Heldenmuts« nahm der damalige israelische Polizeiminister Moshe Shahal teil. In seiner bei dieser Gelegenheit gehaltenen Rede sagte er unter anderem: »Es ist kein Zufall, dass der Holocaust-Tag nah am Passah-Fest datiert ist, denn die Nazis begannen ihre letzte Aktion in Warschau zur Zeit des Passah-Fests. Es ist auch kein Zufall, dass dieser Tag nah am Unabhängigkeitstag liegt, an dem der Staat Israel gegründet wurde.« Weiterhin meinte er: »Die menschliche Sprache wird dem Leiden von Millionen, die in den Gaskammern und Vernichtungslagern massakriert wurden, nicht gerecht. Die Bedeutung der Gedenktage steigt ständig, denn es gibt heutzutage schon Menschen, die ihr Haupt erheben und den Holocaust verleugnen. Um einen auf Werten fundierten Staat am Leben zu erhalten, müssen wir dessen, was geschah, in aller Ewigkeit gedenken und die Erinnerung von Generation zu Generation weitergeben.«

Die Worte des Ministers sind paradigmatisch. Sie enthalten die der formalen Beziehung des Staates Israel zum Holocaust zugrunde liegenden Schlüsselchiffren, mithin die Holocaust-Ideologie des staatlichen Zionismus. Die Datierung des Holocaust-Gedenktages zwischen dem Passah-Fest und dem Unabhängigkeitstag ist in der Tat nicht zufällig: *Passah* bezeichnet hier die »letzte Aktion der Nazis in Warschau«, d. h., die kodierte Vermengung eines archaischen »Freiheits«prinzips mit gescheitertem »Heldenmut« und vollzogener »Vernichtung«. Der *Unabhängigkeitstag* bezeichnet das Ereignis, »an dem der Staat Israel gegründet wurde«, d. h., die abgeleitete politische Konsequenz des aus dem »Passah«-Code Hervorgehenden, verstanden als historische Notwendigkeit infolge der ungeheuren Katastrophe. Erst nachdem er diese beiden latenten Gedächtnisachsen festgelegt hat, geht der Minister zum Topos der eigentlichen Erinnerung über: Zum einen unterstreicht er die inhärenten Grenzen einer adäquaten Repräsentation des Andenkens der Opfer (»die menschliche Sprache wird dem Leiden von Millionen, die in den Gaskammern und Vernichtungslagern massakriert wurden, nicht gerecht«); zum anderen hebt er aber die angesichts des Phänomens der Holocaust-Verleugnung steigende »Bedeutung der Gedenktage« hervor. Mehr noch: Der Minister ist sich offenbar dessen bewusst, dass dem Holocaust-Andenken eine gewisse normative Dimension innewohnt, bezieht diese indes wie selbstverständlich auf den Staat: »Um einen auf Werten fundierten Staat am Leben zu erhalten«, sagt er, »müssen wir dessen, was geschah, in aller Ewigkeit gedenken« und auch »die Erinnerung von Generation zu Generation weitergeben«. So erhebt sich denn die Frage: Wenn der Holocaust mit solcher Selbstverständlichkeit an die Existenz des Staates Israel geknüpft, dem Staat mithin ein öffentliches Monopol auf das Holocaust-Andenken (einschließlich der ihm innewohnenden Wertaspekte) übertragen wird, was besagt das über dieses Andenken, über den Gegenstand des Andenkens und seine Inhalte?

Das oben dargelegte Paradox der Angst erfährt seine prägnanteste Ausprägung im notwendig gespaltenen Verhältnis der israelischen Öffentlichkeit zum Holocaust. Der Staat Israel, dessen Errichtung sich zwar nicht nur, die Forcierung der Errichtung sich jedoch in erheblichem Maße der katastrophalen Geschichte des europäischen Judentums im 20. Jahrhundert verdankte, gründete von Anbeginn auf einen sowohl zu approprierenden als auch zu negierenden geschichtlichen Bezugspunkt: Weil sich die zionistische Staatsbildung nicht als Phase einer theologisch-messianischen Teleologie, sondern als ein Akt säkular-emanzipatorischer Selbstbestimmung verstand, musste sie ihre eigene Raison d'être auf eine durch Judenverfolgung und Antisemitismus gekennzeichnete Diaspora-Geschichte, besonders aber auf deren monströsen Kulminationspunkt im 20. Jahrhundert fundieren. Zugleich musste sich der neue Staat aber auch als rigoroser Gegenpol eines solchen von Opfermentalität determinierten Geschichtsbewusstseins begreifen und äußerlich darstellen. Der hierbei entstandene Begriff des »Neuen Juden« (späterhin zum »Sabre« hochstilisiert) verstand sich ausdrücklich als der abwertend negierende Gegensatz zu allem, was unter dem »Diaspora«-Konzept subsumiert wurde. Da dabei ein »Neubeginn« des jüdischen Volkes postuliert wurde, sah sich das zionistische Kollektiv in Israel vor eine doppelte Forderung gestellt: Einerseits sollte der Holocaust aus dem Sein des Kollektivs amputiert werden, um besagtem »Neubeginn« die Hilfestellung zu leisten, andererseits musste man aber auch das »Memento« erhalten, um nämlichen »Neubeginn« erst eigentlich ideologisch verankern zu können. Es sollte also die Chiffre des Holocaust gepflegt werden, ohne dass der Holocaust selbst allzu tief, geschweige denn essenziell in die Gestaltungen der kollektiven Selbstbestimmung einzudringen vermochte.[15]

Dies blieb nicht ohne Folgen für die Sozialpsychologie des neuen Staates. Da eine wie immer gedachte kollektive Verarbeitung des Geschehenen nicht im Interesse des sich gerade erst konsolidierenden Staates liegen konnte, wurde der Holocaust zunächst ausgeklammert. Der unterlassenen Auseinandersetzung mit der Vergangenheit im restaurativen Klima Westdeutschlands der 1950er-Jahre entsprach ein paralleles Verstummen um den Holocaust in Israel. Bedenkt man, wie viele der damaligen israelischen Bürger Shoah-Überlebende waren, läßt sich erst ermessen, welche Diskrepanz zwischen der öffentlichen (Nicht-)Auseinandersetzung mit dem jüngst Geschehenen und dem von den Überlebenden im neuen gesellschaftlichen Rahmen privat Durchlebten entstehen musste. Dass dabei viele der Überlebenden selbst die Unerträglichkeit der eigenen Biografie mit dem »neubeginnenden« Selbstverständnis des Kollektivs (zumindest nach außen hin) kompensierten, darf nicht darüber hinwegtäuschen, dass die Kluft zwischen der monströsen Shoah-Erfahrung und der neuen Realität des freien Staatsbürgers

letztlich unüberbrückbar blieb. Es war vor allem das Moment totalen
Ausgeliefertseins und absoluter Ohnmacht des Shoah-Opfers, mit
dem der selbstbewusste (durch dieses Moment aber gerade deshalb
auch zutiefst verschreckte) Israeli nichts anzufangen wusste. »Wie
konnte man sich wie Vieh zur Schlachtbank führen lassen?«, fragten
damals viele in Unverständnis und verärgertem Unbehagen bei
zugleich latent durchschimmernder Arroganz der Nachgeborenen.
Tatsächlich darf der im Eichmann-Prozess vor der personifizierten
Inkarnation der Massenvernichtung zusammenbrechende Zeuge
»Kazetnik« als Paradigma dieser Grundbeziehung gelten: Sein
gerade im Rahmen eines juristisch-formalen Aktes des selbstgewissen Judenstaates stattgefundener Zusammenbruch manifestierte
symbolisch die für die meisten Israelis unbegreiflich gebliebene,
daher bisweilen überheblich rezipierte, in jedem Fall aber mit ihrem
Selbstverständnis unvereinbare einstige Lage der Holocaust-Opfer
im Angesicht ihrer Mörder, eben die Situation totaler Ohnmacht.
Nicht von ungefähr sorgte die zionistische Kodierung des staatlichen Erinnerungszeremoniells für einen »Tag zum Andenken des
Holocaust *und des Heldenmuts*«.

Je mehr nun der bereits in den 1950er-Jahren in Gang gesetzte
Prozess der »Normalisierung« der Beziehungen zwischen Israel
und Deutschland über die Jahre an Impetus gewann, verfestigte
sich dieses Grundverhältnis der Unvereinbarkeit zum verding-
lichten Muster der Beziehung vieler Israelis zu »Deutschland«
und den »Deutschen«. Normalisierung – im Sinne der von Jürgen
Habermas angesprochenen »Dialektik der Normalisierung« – bedeutet ja keineswegs ein »Zurück zur Normalität«[16], sondern eher

das Umgekehrte, nämlich eine gerade vermittels der rein formal
vollzogenen, letztlich heteronom instrumentalisierten »Normalisie-
rung« implizierte, wenn auch nicht unbedingt als solche intendierte
Bewahrung des eigentlich Anomalen. Trotz der im Zuge intensiver
politischer, wirtschaftlicher und kultureller Beziehungen weitgehend abgebauten Mauern im Bereich des Offiziellen; trotz der im
Verlauf der Zeit fast völligen Eliminierung jedweden institutionellen
Ausdrucks antideutscher Gefühle aus der Sphäre des öffentlichen
Lebens, und obgleich sich das Verbot öffentlicher Aufführung von
Wagner-Werken gleichsam als letztes symbolisches Requisit einer
solchen publiken Manifestation krampfhaft am Leben erhält – ist
das Ressentiment Deutschland gegenüber keineswegs im Schwinden, sondern seit Mitte der 1980er-Jahre, angesichts einer unter
bestimmten Vorzeichen neu einsetzenden Auseinandersetzung mit
dem Holocaust, offenbar wieder im Anstieg begriffen.

Das ist umso paradoxer, als sich zugleich eine neue Attraktivität
Deutschlands für viele, vor allem junge Israelis in den letzten Jahren
breitmacht, was sich im Phänomen einer fast schon manisch anmutenden Hingezogenheit zur Trendstadt Berlin manifestiert. Dies steht
im krassen Gegensatz zum (zugleich freilich auch komplementär zu
begreifenden) Standpunkt einer populären israelischen Publizistin
und Schriftstellerin, die vor zwanzig Jahren proklamierte: »Fünfzig
Jahre danach ist das heutige Deutschland vom Nazi-Deutschland
nicht losgelöst, genauso wenig wie die heutigen Israelis von den
Opfern der Nazis losgelöst sind. Unter diesen Umständen ist der
Deutschenhass eine Art Monument, das man respektieren sollte«.[17]
Dass sie sich darüber hinaus dazu verstieg, zu behaupten, eine The-

orie, der zufolge das deutsche Volk »infizierte Gene« habe, genüge ihr als Erklärung wie jede andere ökonomische oder soziologische Erklärung, sollte nicht darüber hinwegtäuschen, dass sich zwar die allermeisten in der israelischen publizistischen Öffentlichkeit einem solchen nun schon biologistisch unterfütterten rassistischen Tenor widersetzen würden, der Ton des antideutschen Ressentiments indes für viele, wenn nicht gar die meisten, den Nagel auf den Kopf getroffen haben dürfte. Symptomatisch (und für den hier erörterten Zusammenhang von besonderer Relevanz) ist freilich das nachfolgende Argument besagter Publizistin. Gefragt, ob sie nicht meine, dass ihre Einstellung rassistisch sei, antwortete sie: »Nein, wieso? Rassismus [...] ist schon der Definition nach mit der Fähigkeit verbunden, Schaden zuzufügen. Was der Schwache den Starken gegenüber empfindet, kann kein Rassismus sein.«[18]

Das allerdings ist nichts anderes als das in Israel nun wahrhaft wohlbekannte (und über die individuelle Gesinnung der Publizistin hinausgehende), sich emanzipatorisch wähnende Muster der Instrumentalisierung ideologisch vereinnahmter »Schwäche« als verbrämter Legitimationsfaktor neuerlicher Repression. So grotesk sich auch die vermeintlich aktuelle »Schwäche« einer heutigen Israelin den historischen Nazis bzw. den pauschal »nazifizierten« heutigen Deutschen gegenüber ausnehmen mag, darf nicht übersehen werden, dass ebendies genau die von rechten politischen Kreisen – und letztlich nicht nur von denen – den arabischen Feinden gegenüber eingenommene »Argumentations«- bzw. Manipulationsstruktur widerspiegelt. Dass dabei die ursprünglichen Rollen im David- Goliath-Mythos längst vertauscht worden sind; dass die »Schwäche« zum Propagandafaktor, das »Opfersein« zur unreflektiert perpetuierten Rhetorik, die wirkliche geschichtliche Repressionserfahrung zum bloßen Ideologem jetziger politischer Machtinteressen umfunktioniert worden sind, bezeugt die zunehmend entfremdete Verdinglichung des ehemals erfahrenen Leids, somit aber auch die endgültige Verfremdung der diesem Leid zugrunde liegenden ethischen Matrix.[19] Der arabisch-israelische Konflikt ist komplex und entzieht sich simpler, manichäischer Beurteilung. Man braucht also kein großer Freund der in den arabischen Nachbarstaaten herrschenden Regimes zu sein, auch nicht die psychologischen Auswirkungen der blutigen palästinensischen Anschläge in Israel zu ignorieren, um dennoch festzuhalten, dass die nunmehr bald 50 Jahre währende, repressive, bisweilen höchst brutal praktizierte Okkupation in den 1967 eroberten arabischen Gebieten Israel am allerwenigsten zur Selbstdarstellung als Opfer berechtigt. Es bleibt sich dabei gleich, ob bei der vom Opferbewusstsein bestimmten Wahrnehmung des Konflikts nur zynische Manipulation, als »falsches Bewusstsein« eingetrichtertes, oft genug freilich authentisch durchlebtes Angstgefühl oder die kausale Verknüpfung von beiden am Werke ist. Entscheidend ist, dass das zu Repression umgeschlagene, durch die Angst – sei sie nun real oder neurotisch-ideologisch – vermittelte »Opfer«-Bewußtsein die ursprüngliche Erfahrung des wirklichen historischen Martyriums (der eigentlichen Opfer also) in das seinem Wesen nach Gegenteilige instrumentalisierend verkehrt.

Mögliche Auswüchse der hier umrissenen Verflechtung von subjektiv erfahrener Bedrohtheit, objektiv ausgespieltem Interesse, verballhornender Kodifizierung geschichtlicher Erfahrungen und ideologisierter Wahrnehmung der Wirklichkeit traten zur Zeit des Golf-Krieges 1991 mit besonderer Deutlichkeit zutage. Obwohl der Krieg, ein rigoroser Schlag verbündeter westlicher und arabischer Heere gegen den Irak Saddam Husseins, ganz offenbar im israelischen Interesse lag (im Grunde konnte Israel nichts Besseres passieren, als die von anderen, ohne sein eigenes Zutun, verrichtete Beseitigung dieser seiner damals gefährlichsten potenziellen Bedrohung); obwohl es sich bei dieser Auseinandersetzung letztlich um die Verteidigung geopolitischer und ökonomischer Interessen des Westens, besonders der USA handelte; obwohl man sehr wohl wusste, dass Saddam Hussein, nunmehr als prototypischer »Erzfeind der Menschheit« apostrophiert, vordem zu einem beträchtlichen Teil vom Westen selbst gegen den fundamentalistischen Iran ausgerüstet und systematisch aufgebaut worden, der nunmehr konsensuell Verhasste also das Erzeugnis westlicher Machtinteressen war; obwohl sich die Rüstung des Iraks im Zuge des international exzessiv betriebenen Waffenhandels und als konsequenteste Manifestation der inneren Logik kapitalistischer Wirtschaftspraxis vollzog – trotz all dieser (und noch einiger anderer) schon im Vorfeld des Krieges von verschiedener, wenn auch nicht gerade dem Mainstream zugehörender Seite artikulierter Tatsachen, wurde der irakische Diktator (und der damalige Palästinenser-Führer Jassir Arafat gleich mit dazu) alsbald Hitler gleichgesetzt[20]; der hohe Anteil deutscher Firmen an der irakischen Ausrüstung wurde als eine nie zum Stillstand gekommene Bestrebung von Deutschen, jüdisches Leben auszulöschen, bzw., gemäßigter, als ein (gängige Vorstellungen affirmierender) moralischer Defekt aller Deutschen ausgelegt; und die Konstellation von in Deutschland produziertem Gas, von gegen die Wirkung von chemischen Waffen abgedichteten Zimmern und von passiver Ohnmacht gegenüber den bedrohlichen Scud-Raketen ließ wildeste Assoziationen von Gaskammern, historischen Todeslagern und Holocaust-Visionen aufkommen, die sich in immer wirreren und groteskeren Wellen teils nahezu hysterischer publizistischer Rhetorik niederschlugen.

Es soll dabei keinesfalls das tatsächlich durchlebte, etwa sechs Wochen dauernde Angsterlebnis vieler Menschen in Israel in Zweifel gezogen werden. Ebenso wenig lässt sich allerdings bezweifeln, dass die israelische Regierung – amerikanischem Druck sozusagen »nachgebend« – die Position einer »ohnmächtigen« Nichtbeteiligung am Krieg wohlbedacht wählte und dass sie ebendiese dramatische »Opfer«-Situation der Weltöffentlichkeit, vor allem aber den Deutschen gegenüber in politischer, diplomatischer und wirtschaftlich-materieller Hinsicht aufs Effektivste zu instrumentalisieren verstand. Damit soll nicht etwa die im hier erörterten Zusammenhang in der Tat zynisch-verbrecherische Praxis erschreckend großer Teile der deutschen Industrie und der mit ihr in stillem Einvernehmen kooperierenden Bundesregierung in Abrede gestellt werden. Gleichwohl kommt es zunächst darauf an, die wirklichen, mithin umfassenderen Zusammenhänge genauer ins Auge zu fassen: Sich etwa darüber Rechenschaft abzulegen, dass eine moralisierende Verurteilung des deutschen Waffenexports mehr als bigott erscheinen mag in einem Land, das intensivsten Waffenhandel mit Regierungen wie dem ehemaligen Apartheidregime in Südafrika oder südamerikanischen Diktaturen und Militärjuntas zu betreiben pflegt; dass der in Israel im Laufe des Golfkrieges durch irakische Raketen angerichtete Schaden, gemessen an den über 150.000 Toten in Irak, darunter unzählige Zivilisten, Frauen und Kinder, relativ geringfügig war; dass es darüber hinaus gar fraglich zu sein scheint, ob es zu einem Angriff auf Israel überhaupt gekommen wäre, hätte sich Israel zum damaligen Zeitpunkt in einem – sei's nur anfänglichen – Prozess von Friedensverhandlungen mit den Palästinensern befunden (eine freilich naive Vorstellung unter der damals wie heute in Israel herrschenden Regierung).

Eine der bedenklichsten Folgen einer solchen Verflechtung des im historischen Ereignis gründenden Holocaust-Traumas mit seiner unterschwelligen Nährung durch die vermeintlich stets notwendig ungewisse Sicherheitslage Israels und der damit einhergehenden zwangsläufigen Fetischisierung der aktuellen Angsterfahrung ist, wie bereits erwähnt, die unabwendbar gewordene, durch permanente Verdinglichung bewirkte Entfremdung vom historischen Holocaust und seinem authentischen Andenken. Es mag dahingestellt sein, inwiefern sich der Holocaust überhaupt erinnern lässt. Nicht von ungefähr spricht Detlev Claussen von zwei komplementären (mit der rezeptiven Vermittlung zusammenhängenden) Arten, Auschwitz *nicht* wahrzunehmen: »die Betonung historischer Einmaligkeit und Unbegreiflichkeit auf der einen Seite, die Parallelisierung mit möglichen anderen Zerstörungsexzessen auf der anderen Seite«.[21] Dem ließe sich eine spezifisch israelische Variante hinzufügen, nämlich die durch inflationären Sprach- und Assoziationsgebrauch sowie durch eine fortwährende, bewusst betriebene heteronome Instrumentalisierung des zum Mythos verkommenen Holocaust hervorgerufene Verflachung und Banalisierung dessen, was geschah. Es entbehrt in der Tat nicht einer bitteren Ironie, dass dem Andenken des Holocaust der größte Schaden gerade durch jene widerfährt, die sich anmaßen, das Monopol seiner (partikular ausgerichteten) Erhaltung zu vereinnahmen. Es geht also letztlich um die Art und Weise, die Israel gewählt hat, die Opfer des jüdischen Volkes eben als *Opfer* von Repression und Verfolgung zu erinnern; um die Tatsache, dass das jüdische Israel, dessen Kollektivgedächtnis wesentlich auf dem Andenken der Toten der ungeheuerlichsten aller Massenvernichtungen gründet, selbst ein Land der Okkupation und Repression geworden ist; dass dieses Israel, dessen Existenz als solche die staatlich institutionalisierte Lösung des »jüdischen Problems« zu verkörpern vorgibt, sich selbst zu einem Land entwickelt hat, das sich auch durch ein beschämendes Maß an ethnischem Vorurteil und rassistischem Dünkel auszeichnet. Es handelt sich aber auch um etwas Anderes: um die unglaubliche Leichtfertigkeit, mit der der Holocaust zum »Holocaust«, die Vergangenheit zur »Angst« und die »Angst« zum sozialen, politischen oder auch militärischen Argument verkommt, einem Argument, das zumeist als hohle Rhetorik, die schon als solche das Andenken jener entweiht, in deren Namen sie vorgeblich spricht, bisweilen aber auch als direkte Legitimation repressiver Untaten auftaucht – um den Zynismus also, der dem Umstand innewohnt, dass gerade das Andenken der Opfer der ideologischen Rechtfertigung von immer mehr Opfern zu dienen vermag.

In der neunten seiner Thesen »Über den Begriff der Geschichte« bezieht sich Walter Benjamin bekanntlich auf das »Angelus Novus« betitelte Bild von Paul Klee. Es stellt einen Engel dar, der aussieht, »als wäre er im Begriff, sich von etwas zu entfernen, worauf er starrt. Seine Augen sind aufgerissen, sein Mund steht offen und seine

Flügel sind ausgespannt«. So, vermutet Benjamin, muss der Engel
der Geschichte aussehen: »Er hat das Antlitz der Vergangenheit
zugewendet. Wo eine Kette von Begebenheiten vor *uns* erscheint,
da sieht *er* eine einzige Katastrophe, die unablässig Trümmer auf
Trümmer häuft und sie ihm vor die Füße schleudert«. Der Engel
möchte wohl verweilen, »die Toten wecken und das Zerschlagene
zusammenfügen«, aber der Sturm des Fortschritts weht in seine
Flügel und treibt ihn unaufhaltsam in die Zukunft. Und so, während
er in die Zukunft, der er den Rücken kehrt, getragen wird, sieht der
Engel, wie »der Trümmerhaufen vor ihm zum Himmel wächst«.[22]

Das Problem der adäquaten Erinnerung wird hier zur nachhaltigen Verpflichtung erhoben. Zurecht wies Habermas darauf
hin, dass Benjamin wohl am präzisesten den Anspruch bestimmt
habe, den »die Toten auf die anamnetische Kraft der lebenden
Generation« erheben würden. Unter Hinweis auf die »Katastrophen
unseres Jahrhunderts«, welche »unsere Verantwortung auch noch
auf die Vergangenheit« ausdehnten, fügte er hinzu: »Wir können
vergangenes Leid und geschehenes Unrecht gewiss nicht wieder
gutmachen; aber wir haben die schwache Kraft einer sühnenden
Erinnerung. Erst die Sensibilität gegenüber den unschuldig Gemar-
terten, von deren Erbe wir leben, erzeugt auch die reflexive Distanz
zu eigenen Überlieferungen, eine Empfindlichkeit gegenüber den
abgründigen Ambivalenzen der Überlieferungen, die unsere eigene
Identität geformt haben. Aber unsere Identität ist nicht nur etwas
Vorgefundenes, sondern eben auch und gleichzeitig unser eigenes
Projekt. Wir können uns unsere Traditionen nicht aussuchen, aber
wir können wissen, dass es an uns liegt, *wie* wir sie fortsetzen.«[23]

Dieses rigorose – wenn auch im Hinblick auf Deutschland formulierte – Postulat bewahrt seine übergreifende Gültigkeit auch für
das jüdisch-israelische Kollektivgedächtnis. Die Toten, die Opfer
der fortwährenden »Katastrophe«, kann man nicht mehr wecken.
Man kann ihrer nur mit Furcht gedenken, den Weg in die Zukunft,
solidarisch erinnernd, mit der »schwachen Kraft einer sühnenden
Erinnerung«, ehrfürchtig beschreiten. Dafür müsste Israel freilich
in der Lage sein, sich seiner Ideologie der »Angst« zu entledigen,
die Ursachen der Angst zu beseitigen – und anfangen, zu erinnern.
Nichts spricht dafür, dass die gegenwärtige hegemoniale politische
Kultur Israels, geschweige denn deren führende Protagonisten,
gewillt ist, diesen Weg zu beschreiten.

## Anmerkungen

Dieses Kapitel ist die überarbeitete Fassung von: Moshe Zuckermann, Geschichte,
Angst und Ideologie. Aspekte der israelischen politischen Kultur, in: Michael Werz
(Hrsg.), *Antisemitismus und Gesellschaft*, Frankfurt/Main 1995, S.141-158

1. Thomas Hobbes, *Leviathan*, Frankfurt/M-Berlin-Wien 1976, S.96.
2. Sigmund Freud, Angst und Triebleben, in: *Studienausgabe*, Bd.1, Frankfurt/Main
   1982, S.517.
3. Freud bezeichnet die in der realen Angstsituation gesteigerte sensorische Aufmerksamkeit und motorische Spannung »Angstbereitschaft«, aus der sich die »Angstreaktion«
   entwickelt, die wiederum eines von beiden ermöglicht: »Entweder die *Angstentwicklung,*
   die Wiederholung des alten traumatischen Erlebnisses, beschränkt sich auf ein Signal,
   dann kann die übrige Reaktion sich der neuen Gefahrlage anpassen, in Flucht oder
   Verteidigung ausgehen, oder das Alte behält die Oberhand, die gesamte Reaktion
   erschöpft sich in der Angstentwicklung, und dann wird der Affektzustand lähmend
   und für die Gegenwart unzweckmäßig«. *Ebd.*, S.518. Es sei erwähnt, dass Freud allgemein zwischen »Angst«, die sich auf den Zustand bezieht und vom Objekt absieht,
   »Furcht«, die die Aufmerksamkeit gerade auf das Objekt richtet, und »Schreck«,
   der die Wirkung einer Gefahr hervorhebt, welche nicht von einer Angstbereitschaft
   empfangen wird, unterscheidet. Vgl. Die Angst, *ebd.*, S.382.

4.    Thea Bauriedl, *Die Wiederkehr des Verdrängten*, München 1986, S.29f.
5.    Sigmund Freud, Massenpsychologie und Ich-Analyse, in: *Studienausgabe*, Bd.9, Frankfurt/Main 1982, S.61ff.
6.    Theodor W. Adorno, Bemerkungen über Politik und Neurose, in: ders., *Kritik. Kleine Schriften zur Gesellschaft*, Frankfurt/Main 1971, S.91.
7.    Theodor W. Adorno, Die Freudsche Theorie und die Struktur der faschistischen Propaganda, in: ders., *Kritik. Kleine Schriften zur Gesellschaft*, Frankfurt/Main 1971, S.43.
8.    *Ebd.*, S.62.
9.    Man mag in diesem Zusammenhang an Adornos Diktum denken, demzufolge die totalitäre Psychologie »den Primat einer gesellschaftlichen Realität« spiegele, »welche Menschen erzeugt, die bereits ebenso irr sind wie jene selber. Der Irrsinn aber besteht gerade darin, daß die eingefangenen Menschen nur als Agenten jener übermächtigen Realität fungieren, daß ihre Psychologie nur noch eine Durchgangsstation von deren Tendenz bildet«. Adorno, (Anm.7), S.91.
10.    Alexander Mitscherlich, *Auf dem Wege zur vaterlosen Gesellschaft*, München 1963, S.300.
11.    Dan Diner, Aporie der Vernunft. Horkheimers Überlegungen zu Antisemitismus und Massenvernichtung, in: ders. (Hrsg.), *Zivilisationsbruch. Denken nach Auschwitz*, Frankfurt/Main 1988, S.31.
12.    Yehuda Elkana, Plädoyer für das Vergessen (im Original hebräisch), in: *Ha'aretz*, 2.3.88, S.13.
13.    Alle Zitate sind der israelischen Presse entnommen. Es sind nur einzelne, zur Illustration herangezogene Beispiele aus einem Ozean solch grassierender Rhetorik der israelischen Publizistik.
14.    Das Material hierzu habe ich in einem Buch zusammengetragen und ausführlich analysiert. Vgl. Moshe Zuckermann, *Shoah im abgedichteten Zimmer* (im Original hebräisch), Tel-Aviv 1993.
15.    Vgl. Moshe Zuckermann, Fluch des Vergessens, in: *Babylon*, 4 (1988), S.68.
16.    Jürgen Habermas, *Vergangenheit als Zukunft*, Zürich 1991, S.41f.
17.    Irith Linor, Eine kleine Unannehmlichkeit (im Original hebräisch), in: *Ha'aretz-Magazin*, 19.8.1994, S.110.
18.    Sohara Ron, Warum hassen wir die Deutschen (im Original hebräisch), in: *Ha'ir*, 12.8.1994, S.63.
19.    Vgl. hierzu Zuckermann, (Anm.16), S.74ff.
20.    Auf diesen Vergleich konnte die israelische Presse freilich kein Monopol beanspruchen – US-Präsident George Bush höchstpersönlich war ihr darin zuvorgekommen. In Deutschland übernahm Hans Magnus Enzensberger diese Aufgabe; vgl. Hans Magnus Enzensberger, Hitlers Wiedergänger, in: *Der Spiegel*, 6 (1991), S.26-28. Eine kritische Analyse dieses Artikels findet sich in: Zuckermann, (Anm.15), S.62-76.
21.    Detlev Claussen, *Grenzen der Aufklärung*, Frankfurt/Main 1994, S.35.
22.    Walter Benjamin, Über den Begriff der Geschichte, in: *Gesammelte Schriften*, Band I-2, Frankfurt/Main 1991, S.697f.
23.    Jürgen Habermas, Grenzen des Neohistorismus, in: *Die nachholende Revolution*, Frankfurt/Main 1990, S.155.

# Zweierlei Schuld

Dass die Psychoanalyse das Denken im 20. Jahrhundert revolutioniert hat, kann nicht bezweifelt werden. Ihr prominenter Stellenwert lässt sich gleichermaßen an dem Einfluss, den sie auf die Geistes-, Sozial- und Kulturwissenschaften ausgeübt hat, wie an der Vehemenz, mit der sie von ihren markanten Gegnern immer wieder abgewertet, delegitimiert, ja totgesagt wird, ablesen. Inwieweit sie freilich das Instrumentarium für eine akkurate Gesellschafts- bzw. politische Analyse bietet, ist weitgehend umstritten. Zwar entfaltete sich schon im Freud'schen Werk neben dem ontogenetischen (also das einzelmenschliche Schicksal betreffenden) auch ein philogenetischer (die kulturelle Entwicklung des gesamten Menschengeschlechts rekonstruierender) Theoriestrang, gleichwohl wurde durch diesen – trotz Freuds Verknüpfungsversuchen – das mit dem Übergang vom Individuellen zum Kollektiven entstehende konzeptuelle Problem keineswegs behoben: Kategorien der Verdrängung, der Rationalisierung, der Sublimation oder des Unbewussten etwa, die man in der psychoanalytischen Theorie des einzelmenschlichen Seelenhaushalts gemeinhin für elementar hält, werden in der überindividuellen Theoriebildung nicht als selbstverständlich hingenommen; und wenn sie schon Eingang in die Analyse kollektiven Verhaltens finden, zeichnen sie sich zumeist durch einen eher *isomorphen* Analogiecharakter, die Sprache ihrer Verwendung durch *metaphorisierenden* Vergleich aus.

Und doch – dies sei an dieser Stelle nochmals dargelegt – ist im theoretischen wie empirischen Werk der frühen Frankfurter

Schule ein (im Nachhinein als gelungen zu bewertender) Versuch unternommen worden, Kategorien makrosoziologischer Gesellschaftsanalyse mit zentralen Kategorien der Psychoanalyse zu verknüpfen. Ausgehend von der Sicht eines wesenhaft repressiven Gesellschaftsbildes, wurden die Sozialisationsstrukturen innerhalb der bürgerlichen Familie, mithin die vom ödipalen Konflikt ausgehenden psychischen Prädispositionen für die Internalisierung von Autorität, mithin auch für die autoritäre Beziehung zu jeglicher Form von Herrschaft, untersucht. Die politische Brisanz dieses eigenwilligen theoretischen Ansatzes lag darin, dass der Begriff der Ideologie (in seiner Marx'schen Bedeutung als »falsches Bewusstsein«) nunmehr nicht allein in *rationalen* Kategorien einer von der Aufklärung beseelten *Vernunft* gefasst werden konnte, sondern als eine von unbewussten *psychischen Bedürfnissen* (mit)determinierte Bewusstseinslage, die ihrerseits weitreichende Einflüsse auf Weltanschauung und politisches Verhalten von Einzelnen und Gruppen hat, umgedacht werden musste.

Paradigmatischen Stellenwert nahm hierbei das Konzept des sogenannten »autoritären Charakters« ein: Als zwar lebensgeschichtlich individuell ausgebildeter, gleichwohl durch den gesellschaftlichen Kontext seiner Entstehung überindividuell ausgeprägter »Sozialcharakter« (wie ihn Erich Fromm nannte), manifestiert sich in ihm die psychisch-emotionale Matrix einer fundamentalen Abhängigkeit von *Autorität*, und zwar sowohl als ein markantes Bedürfnis, Schwächeren gegenüber Autorität auszuüben, als auch als drängendes Verlangen, sich der Autorität von Stärkeren zu unterwerfen. Die von Adorno und anderen darüber geführten Untersuchungen konnten die signifikante Affinität dieser eigentümlichen Form der »Charakterstruktur« zum Faschismus (allgemeiner: zu antidemokratischen sozialen und politischen Formationen) nachweisen. Generell lässt sich sagen, dass ein solcher Ansatz weniger auf lineare Kausalverbindungen zwischen tiefenpsychologischen Determinanten und äußerlichem Verhalten aus ist, als vielmehr auf die abgeleiteten, sehr oft eher schwerlich erkennbaren Ausformungen solcher tiefenpsychologischen Einwirkungen aufs Politische und ihrer Sedimentierung im Bereich des Ideologischen. Gerade deshalb (dies sei hier nochmals angeführt) sollte eine Erörterung der Wechselwirkung von Individuell-Psychischem und Kollektiv-Politischem im Sinne des von Adorno seinerzeit gegen Arthur Koestler erhobenen Einwands eingeschränkt werden: »Es gibt keine ›politische Neurose‹, wohl aber beeinflussen psychische Deformationen das politische Verhalten, ohne doch dessen Deformation ganz zu erklären«. Darauf fußend konnte Adorno darüber hinaus behaupten, die Struktur des Faschismus und die gesamte Technik faschistischer Demagogen sei autoritär, zugleich aber auch ausdrücklich hervorheben, dass »so gewiss der faschistische Agitator bestimmte innere Tendenzen derer aufgreift, an die er sich wendet, so tut er das doch als Agent mächtiger wirtschaftlicher und politischer Interessen«.[1]

Können psychoanalytische Kategorien bei der Analyse der israelischen politischen Kultur – und besonders der auf sie eigentümlich einwirkenden Holocaust-Erinnerung – behilflich sein? Insofern die Frage auf die Beeinflussung politischen Verhaltens durch psychische Deformationen zielt, kann sie gemäß des bisher Dargelegten im Sinne des Niederschlags besagter psychischer Deformation im ideologisierten Holocaust-Diskurs der israelischen Gesellschaft bejaht werden. Die empirisch nachweisbaren ideologischen Manifestationen im besagten Diskurs bilden, so besehen, notwendig den Ausgangspunkt für die Analyse. Als paradigmatisches Beispiel für den hier erörterten Zusammenhang mag folgende im März 1999 in der israelischen Tageszeitung *Ma'ariv* veröffentlichte Anzeige der zionistisch-revisionistischen Beitar-Bewegung dienen:

*ES GIBT KEIN ANDERES DEUTSCHLAND!*
*An den Ministerpräsidenten des Staates Israel, Benjamin Netanjahu*
*Von der Weltführung der Beitar-Bewegung.*

*Der Deutsche Botschafter in Israel hat dem Außenminister mitgeteilt, aus ihrer Sicht sei »Jerusalem nicht die Hauptstadt Israels«.*
*Das ist eine Kriegserklärung!*
*Als Juden, als Bürger Israels und im Namen der Beitar-Bewegung fordern wir die Ausweisung des Deutschen Botschafters aus Israel und die Rückberufung des israelischen Botschafters aus Deutschland nach Israel. Es gibt kein neues Deutschland! Die Wurzeln des Dritten Reiches waren schon 1000 Jahre vor dessen Gründung tief in den Herzen der Deutschen verankert, und das Deutschland von heute ist ein Treibhaus für den Judenhass. Von hier bis zum Aufruf zur Vernichtung des jüdischen Staates ist es nur ein kurzer Weg.*
*Herr Ministerpräsident – Sie sind heute der höchste Vertreter des jüdischen Volkes. Halten Sie sich unsere sechs Millionen ermordeten Brüder vor Augen, und handeln Sie nach Ihrem Gewissen.*

*Gezeichnet: Die Weltführung der Beitar-Bewegung.*

Die Unterschlagung der Tatsache, dass es sich beim Ausgangspunkt *nicht* um eine spezifische Mitteilung des deutschen Botschafters handelte, sondern um die des EU-Botschafters, eines Amtes, das zum Zeitpunkt der gemachten Mitteilung zufällig vom deutschen Geschäftsträger in Israel bekleidet wurde, mag noch hingenommen werden: Man bedarf stets des eindeutig profilierten Feindes, wenn man sich seines eigenen Profils offenbar dermaßen unsicher ist, dass man darum mit umso größerer, mithin selbstgerecht aufgebauschter Aggression operieren muss. Zu fragen ist freilich, was wohl solchem Aberwitz zugrunde liegen mag. Wie erklärt sich diese »Kriegserklärung«-Rhetorik? Die historisch argumentierende ahistorische Vorstellung von einer tausendjährigen, exklusiv antisemitisch durchwehten, deutschen Vorgeschichte des Dritten Reiches? Die paranoide Idee, dass ein vom heutigen Deutschland ausgehender »Aufruf zur Vernichtung des jüdischen Staates« nahezu unmittelbar bevorstehe? Zwar ist »Beitar« eine rechte bis rechtsextreme Bewegung und sollte daher nicht als für alle Strömungen der israelischen politischen Kultur repräsentativ gehalten werden; und dennoch enthält obige Anzeige gewisse Motive, die als indikativ für die allgemeine Holocaust-Rezeption in Israel gelten dürften. Um dies zu erörtern, ist es allerdings notwendig, sich zunächst einige Strukturelemente des Zusammenhangs von Holocaust und Zionismus vor Augen zu führen. Die Wiederholung von bereits Angeführtem ist hier unerlässlich.

Nicht nur betrachtete der seit 1945 zunehmend erstarkende Zionismus den Holocaust als das schlagende Argument für die Rechtfertigung seiner politischen Lösung der eben im Holocaust

endgültig zur Katastrophe ausgearteten »jüdischen Frage«, sondern
er objektivierte diese seine historische Auffassung durch massive
Vereinnahmung und Instrumentalisierung des Andenkens der Opfer,
darüber hinaus aber auch durch einen seinem Wesen nach politisch-
ideologischen Umgang mit den Überlebenden. Hierbei entstand eine
*objektive* (d. h., also als solche *nicht* unbedingt intendierte) Diskrepanz
zwischen den in Israel angekommenen Holocaust-Überlebenden und
der staatstragenden zionistischen Ideologie: Denn insofern der auf
der Doktrin der Diaspora-Negation basierende staatliche Zionismus
den Holocaust als ultimative Manifestation des zu Negierenden
begriff, konnte er den überlebenden Subjekten der Katastrophe
letztlich nur als exemplarisch lebenden Mahnmälern des zu Negierenden begegnen; die Überlebenden personifizierten gleichsam
all das, was man mit der sogenannten »nationalen Erneuerung« zu
überwinden trachtete, verkörperten mithin paradigmatisch den vom
»Neuen Juden« abzulösenden »Diaspora-Juden«.

Diese historische Konfrontation wies unterschiedliche Dimensionen auf. Sie reichte von der erwähnten ignorant-überhebli-
chen Frage vieler Israelis: »Wie konntet ihr euch wie Vieh auf die
Schlachtbank führen lassen?« und der mit der Logik dieser Frage
einhergehenden Kopplung des »Heldenmuts« an die »Shoah« im
Titel des staatsoffiziell ausgerufenen Holocaust-Gedenktags, über
das israelische Verstummen um den Holocaust in den 1950er-Jahren
bei gleichzeitiger Materialisierung der Sühne im Rahmen der 1952
unterzeichneten Wiedergutmachungsabkommen, bis hin zu der
mit höchstem zionistischen Pathos proklamierten Ideologie des im
neuen Land möglich gewordenen »Neubeginns«. Das will freilich

wohlverstanden sein: Dass viele der Holocaust-Überlebenden genau einer *solchen* Ideologie für ihr Überleben bedurften, viele gar zionistisch im Sinne einer »Konsequenz« aus dem Grauen der eigenen Biografie wurden, ändert nichts daran, dass die objektiv bestehende Diskrepanz sich auch *objektiv* auswirkte, namentlich als eine kaum zu überbrückende Kluft zwischen den individuellen Realitäten der persönlichen Lebenswelten (bzw. *psychischer* Auseinandersetzungen) und der staatlich-offiziellen Sphäre, die diese Lebenswelten nicht nur aus materiellen und politischen Gründen übergehen, sondern den die psychische Welt der Überlebenden beherrschenden Momenten des Opfer-Daseins, der Ohnmacht, des Entsetzens, der Krankheit und der Verzweiflung geradewegs entgegenwirken musste. Dass also dem Bild des gesunden, wehrhaften, produktiven »Neuen Juden« die (wie immer stereotypisierte) Vorstellung vom kranken, schwachen und ohnmächtigen Holocaust-Überlebenden gleichsam gegenüberstand, konnte einzig ideologisch – und zwar durch eine Einheitsideologie der »Heimkehr«, des »Schmelztiegels« und des »Neubeginns« – quasi »aufgehoben« werden. Die persönliche Verinnerlichung einer solchen staatlich verordneten »Aufhebung« durch die Holocaust-Überlebenden selbst machte dabei zum einen die (bereits erwähnte) gesellschaftlich legitimierte *private Überlebensstrategie*, zum anderen aber auch das *kollektiv Ideologische* an dem vom neuen Staat geforderten »neuen Bewusstsein« bzw. der von ihm formulierten »neuen Identität« aus.

Es ist also der »Jude nach Auschwitz«, den sich der Zionismus sehr bald zunutze machen konnte. Der »Jude nach Auschwitz« wurde zum schlagenden Argument der von der säkularen nationalen Bewegung konstruierten Geschichtsteleologie der Juden: Bedurfte es noch eines Beweises für die dringend notwendige Errichtung einer jüdischen nationalen Heimstätte, war er welthistorisch gleichsam »endgültig« erbracht worden. Da sich aber diese Darstellung von *objektiver* Warte formulierte, mussten die Protagonisten dessen, was man zum nationalen Argument funktionalisierte, ihrer selbstbestimmten (gleichwohl nur schwer rekonstruierbaren) Subjektivität sozusagen »enthoben« werden: Die in der industriellen Massenvernichtung manifestierte Anonymisierung der Opfer setzte sich paradoxerweise in der zionistisch verwendeten Ideologisierung ihres Schicksals fort, die sich durch die Erhebung ihres Andenkens zum nationalgeschichtlichen Argument ergab.

So besehen, war das Geschichtsereignis Holocaust und seine zionistisch betriebene Ideologisierung dem Doppelbegriff des Holocaust als Wende – und zwar im Sinne eines Zivilisationsbruches einerseits und eines Angelpunktes der modernen jüdischen Nationalgeschichte andrerseits – von Anbeginn an verwandt. Denn insofern der Holocaust nicht als Menschheitskatastrophe begriffen wurde, sondern eben als Shoah der Juden, war die Vereinnahmung durch die partikulare (national ausgerichtete) Sinngebung gewissermaßen strukturell angelegt: Da sich die individuellen Gruppenidentitäten der Ermordeten im »Sechs Millionen«-Code verflüchtigten, die »Juden« somit zur übergreifenden, Diskrepanzen aufhebenden Kategorie mutierten; da darüber hinaus die *nicht* nach Israel emigrierten Überlebenden in ihren neuen Ländern keine klar überschaubare, eigenständige soziale Gruppe ausmachten und die in Israel eingewanderten über Jahre beschwiegen wurden, konnte der

Zionismus den vakant gewordenen historischen Raum gleichsam besetzen und mit Sinn ausstatten. Dass dabei dem Sinnlosen als Kulminationspunkt zivilisatorischer Entwicklung – nämlich dem zum Selbstzweck gewordenen Mordexzess, mithin also der Gewissheit um das permanente Potenzial des Rückfalls in die Barbarei – eine quasi »positive« säkulare Bedeutung beigemessen werden konnte, machte besagte (historisch durchaus verständliche) Vereinnahmung des Monströsen, nicht nur im Hinblick auf das *partikulare* politische Interesse, sondern auch im Hinblick auf das Wesen dessen, was in Auschwitz geschah – und zwar in seinem gesamtzivilisatorischen, *universellen* Zusammenhang –, zur heteronomen Ideologie. Das kam nicht von ungefähr, denn das Verstummen um den Holocaust (bzw. die anfängliche Unfähigkeit, auch nur im Ansatz zu begreifen, was geschehen war) ging ja von Anbeginn mit einem klaren praktischen Interesse einher, und zwar mit der politischen Lösung der »jüdischen Frage«, d. h. also, mit der Erhebung der nicht verhinderten Katastrophe zum Argument der Verhinderung einer künftigen. Weil dies aber auch die grundsätzliche Absage an jegliche jüdische Assimilations- bzw. Akkulturationsbestrebungen bedeutete, versperrte sich die universelle Sicht gewissermaßen wie von selbst. Wohl konnte man die Instrumentalisierung der Shoah durch das neugegründete Israel und die Materialisierung der Sühne durch das sogenannte »andere Deutschland« als das unausgesprochene Komplementärverhältnis *partikularer* Interessen befürworten, aber Hannah Arendts *Eichmann in Jerusalem* – eben die Vorstellung einer aus moderner Zivilisation erwachsenen *universellen* Banalität des Bösen – musste in Israel bis zum Jahre 1999 unübersetzt bleiben.

Ohne, wie gesagt, auf einzelmenschliche Psychostrukturen zu rekurrieren, wohl aber im Hinblick auf ihre kollektiven Sedimentie-
rungen in der politischen Ideologie, lassen sich in der politischen
Kultur des Zionismus zweierlei – letztlich unbewältigte – Gefühle
der Schuld ausmachen: Zum einen das Gefühl einer mit der auf dem
Rücken der Palästinenser ausgetragenen Staatsgründung einhergehenden Schuld; zum anderen das Gefühl einer eher vor- oder gar
unbewussten Schuld, die mit der kulturellen bzw. psychologischen
Negation des Diaspora-Judentums im Allgemeinen und der Shoah-
Überlebenden im Besonderen zusammenhängt.

Es bedurfte einiger Jahrzehnte intensivster politischer und ideologischer Arbeit, ehe die palästinensische Erfahrung und Wahrnehmung der zionistischen Staatsgründung als Katastrophe (*nakbah*)
des palästinensischen Volkes einen ersten bescheidenen Eingang
in Israels politischen Diskurs finden konnte. Über Jahre wurden
die zentralen Ideologeme des zionistischen Narrativs – die Araber
hätten sich dem UN-Teilungsplan von 1947 verweigert; es gebe kein
palästinensisches Volk; die Palästinenser wären bloß auf die Vernichtung des zionistischen Staates aus etc. – unentwegt wiederholt. Ohne
dabei auch nur die Erwägung zuzulassen, dass trotz des möglichen,
wie immer auslegbaren Wahrheitskerns dieser Ideologeme, es sich
*real* auch um die historische Katastrophe und das leidvolle Exil des
anderen Kollektivs, um die unsägliche Zerstörung ganzer Lebenswelten und den Ruin einzelmenschlicher Lebensschicksale handle.
Trotz des im 1948er-Krieg an den Palästinensern zum Teil *systematisch* verbrochenen Unrechts (wie von neuerer Forschung deutlich
zutage gefördert); trotz des seit den 1970er-Jahren zunehmend in

Israels öffentliche Sphäre eindringenden Wissens um die schlimme Leiderfahrung des palästinensischen Exils, und trotz der in der Westbank und im Gaza-Streifen über Jahrzehnte betriebenen, mitunter höchst brutalen Okkupationsregimes, wurde die palästinensische Leidensgeschichte (von marginalen Ausnahmen abgesehen) nahezu völlig aus der gängigen israelischen Alltagserfahrung und mehr noch aus der Sphäre des offiziellen öffentlichen Diskurses ausgeblendet.

Man kann das natürlich mit dem zwischen beiden Kollektiven objektiv bestehenden, zudem politisch formal proklamierten Feindschaftsstatus erklären und wegargumentieren wollen: Im Zustand fortwährend betriebener, auch von Palästinensern zunehmend angewandter Gewalt gibt es nun mal nicht viel mentalen, geschweige denn politischen Raum für die Anerkennung der Leiderfahrung des Anderen, des »feindlichen Anderen« zumal. Bedenkt man jedoch, mit welcher Selbstverständlichkeit palästinensische Freischärler in Israels politischer Alltagsrhetorik zu »zweibeinigen Tieren« mutieren konnten; wie es dazu kommen konnte, dass der ehemalige Ministerpräsident Menachem Begin in der Gestalt des im Beiruter Bunker eingekesselten Jassir Arafat den im Berliner Bunker gefangenen Adolf Hitler gestellt zu haben wähnte; wie überhaupt die durch Israel zu Opfern gewordenen Palästinenser gerade in diesem Land zu »Nachfolgern der Nazis« avancieren konnten – so scheint es, als handle es sich hier um etwas übers gängige Feindbild, über die normale Konfliktrhetorik weit Hinausgehendes: um die totale Dämonisierung dessen, an dem man fundamental schuldig geworden ist, mithin um die Abwendung der eigenen kaum erträglichen Schuld und ihre Projektion auf die Quelle des Schuldgefühls, die Opfer.

Dabei steht ein bereits vorhandenes – historisch sozusagen »legiti-
miertes« – Muster zur Verfügung. Denn insofern die Palästinenser
als das konkret Böse figurieren, dieses Böse jedoch im metaphorisierenden Vergleich oder aber auch im Sinne einer »realen« historischen Nachfolge mit dem schlechthin Bösen, den Nazis bzw. dem
Holocaust, in Verbindung gebracht wird, erhalten »Palästinenser«
und »Nazis« einen gleichsam austauschbaren Stellenwert, wobei die
Täter- und Opfer-Kategorien so miteinander vermengt werden, dass
man sich noch in der eigenen historisch aufgeladenen Schuld als
Opfer vorkommen darf. So erklärt es sich, dass der im Kontext des
nahöstlichen Konflikts zum politischen Streitthema avancierte Status
von Jerusalem nicht nur im Zusammenhang mit den konkreten Feinden vor Ort, den Palästinensern, sondern auch in der imaginierten
Reaktion »der Deutschen« bzw. »Deutschlands« zum Grund für eine
»Kriegserklärung« entarten kann. Denn wenn die reale Kriegserklärung gegen die Palästinenser auf »Deutschland« anwendbar ist,
so lässt sich auch das paradigmatische Attribut »der Deutschen« als
Urheber der Shoah auf die Palästinenser projizieren – gehen doch
beide einen lediglich »kurzen Weg« bis zum »Aufruf zur Vernichtung des jüdischen Staates«. Dass es also »kein anderes Deutschland
gibt« (bzw. geben *darf*), geht einher mit der fixen Vorstellung, dass
es keine andere als den Nazis vergleichbaren Palästinenser geben
könne; denn ihre Entdämonisierung würde zwangsläufig auch die
Auseinandersetzung mit der gegen sie aufgeladenen Schuld bedeuten
(wie denn die Entdämonisierung Deutschlands über kurz oder lang
die Preisgabe des instrumentalisierenden Umgangs mit Deutschlands
historischer Schuld zur Folge haben müsste).

Nun weiß man ja, dass nicht alle Israelis in Begriffen besagter Beitar-Zeitungsanzeige denken, dass sich die israelische politische Kultur zudem mitnichten ausschließlich durch jenes extremistische Verhältnis zu den Palästinensern auszeichnet. Zu fragen ist freilich, ob die friedliche, gleichwohl auf strikte Trennung bestehende Einstellung zu den Palästinensern, die gängige moderate Positionen charakterisiert, jene liberal-aufgeklärte Tendenz zur pazifizierten Ausgrenzung derer, die man (zu ihrem Besten) am liebsten nicht vor Augen haben möchte, letztlich nicht *auch* auf eine unbewusste Schuldregung zurückzuführen sei. Bekannt ist das Gefühl bewusster Schuld, das viele der auf eine reale historische Aussöhnung mit den Palästinensern ausgerichteten Israelis antreibt. Genauer zu erforschen wäre das Schuldmoment bei jenen, die aus offenkundiger Liberalität auf purifizierende Isolation bestehen, den Opfern also ihre (politische) Freiheit wünschen, um sie dabei loszuwerden.

Eine andere Schuldregung israelischer Zionisten bezieht sich, wie gesagt, auf die im Zionismus ideologisch wie praktisch betriebene kulturelle Negation des Diaspora-Judentums und die zu einem bestimmten historischen Zeitpunkt stattgefundene, mit ebendieser *ideologischen* Negation einhergehende *psychologische* Nichtwahrnehmung der Holocaust-Überlebenden. Es handelt sich hierbei um das Phänomen einer steten »Wiederkehr des Verdrängten«: Der historische Aufbruch des politischen Zionismus in seinen Anfängen verstand sich auch als der Aufstand der jungen Generation gegen die Älteren. Die generelle »vatermörderische« Liquidierung all dessen, wofür die diasporische Tradition sowohl in den realen Lebenswelten als auch im kulturellen Selbstverständnis der Exiljuden stand, hatte in ihrer

Rigorosität zur Folge, dass der objektive Fortbestand des Diapori-
schen zur Permanentbedrohung für das Selbstbild des sogenannten
zionistischen »Neuen Juden« wurde, mithin zum Objekt gesteigerter
ideologischer wie psychischer Aggression. In keinem Land wurde
Jiddisch, die Sprache des aschkenasischen Exils, so verfolgt wie in der
vorstaatlichen jüdischen Gemeinschaft in Palästina und im Israel der
frühen Jahre nach der Staatsgründung. Das »ungesunde« körperliche
Bild des Diaspora-Juden wurde der athletischen Physis des neuen
»Muskeljuden« als Vorgabe des revolutionär zu Überwindenden gegenübergestellt. Nicht von ungefähr entwickelte sich das hebräische
*galuth* (Exil) bzw. das Attribut *galuthi* (exilhaft) sowohl im Sprachgebrauch der staatsoffiziellen Ideologie als auch als Terminus der
israelischen Alltagskommunikation zum regelrechten Schimpfwort.

Das Problem bestand halt nur darin, dass das Diasporische
nicht nur weiterhin *außerhalb* Israels bestehen blieb, sondern auch
*innerhalb* der israelischen Gesellschaft, trotz pathetisch proklamierter
Schmelztiegel-Ideologie und diverser realer Vermengungsunter-
nehmungen, letztlich nicht »unterzukriegen« bzw. zu überwinden
war – sei es in der Erscheinung der orthodoxen (ganz zu schweigen
von den ultraorthodoxen) Juden, sei es im Selbstverständnis und
Habitus verschiedener ethnischer Gemeinschaften, die sich dem
aschkenasisch-säkular idealisierten Bild des *Sabre* bewusst oder
unbewusst verweigerten oder doch zumindest objektiv entzogen.
Da der Zionismus des massiven Imports der Diaspora-Juden nach
Israel für sein politisches Projekt bedurfte, um es gesellschaftlich
überhaupt erst in Gang setzen zu können, hat er die fortwährende
Präsenz dessen, was er aufzuheben trachtete, nolens volens affirmiert,

mithin das zu Negierende in die vorgebliche politische Lösung des Diaspora-Problems ganz und gar integriert.

Eine zentrale Rolle spielte – und spielt! – in diesem Zusammenhang die religiöse Komponente. Zum einen war der Zionismus durch das Pathos der Selbstbestimmung europäischer Nationalbefreiungsbewegungen *positiv* geprägt; zum anderen war er aber auch von einem gewichtigen *negativen* Faktor beseelt: Denn insofern sich der Zionismus als die autoemanzipatorische Nationalbewegung des »jüdischen Volkes« verstand, das säkular Nationale jedoch von Anbeginn (und in wesentlichem Gegensatz zum messianisch-utopischen Religionsglauben) in konkreten *territorialen* Kategorien artikulierte, musste sich der Zionismus um die Versammlung der in aller Herren Länder verstreuten Diasporagemeinschaften auf dem *vor*bestimmten Territorium des neu zu gründenden Staates Israel »kümmern«. Dass es sich dabei um Palästina als dem »Land der Urväter« handelte, ergab sich für die vorwiegend säkularen Gründungsväter des Zionismus zwangsläufig; nicht nur die tradierte »Sehnsucht« spielte dabei eine Rolle, sondern vor allem die Notwendigkeit, auf einen gemeinsamen Nenner der zutiefst heterogenen, einander zumeist fremden oder entfremdeten Exilgemeinschaften zu rekurrieren, und dieser bestand (von der Warte expliziter *positiver* Bestimmung gesehen) in nichts anderem, als der gemeinsamen *religiösen* Zugehörigkeit. Religion sedimentierte sich, so besehen, von Anfang an als unsichtbarer, gleichwohl integraler Bestandteil der säkularen zionistischen Ideologie.

Was allerdings integraler Bestandteil war, wurde zugleich verdrängt: Nichts bringt bis zum heutigen Tag den säkularen Zionisten

in Israel mehr in Rage als der orthodoxe Jude. Dies hat zwar viel
mit dem zivilen Selbstverständnis des säkularen Juden zu tun – er
mokiert sich darüber, dass der orthodoxe Jude keinen Wehrdienst
leistet, dass er trotz seines Antizionismus »parasitär« auf Staatskosten
lebt, dass er sich institutionell in Fragen seines Personenstandes und
seiner Essgewohnheiten einmischen möchte etc. –; es will jedoch
scheinen, als spiele da noch ein anderes Moment mit hinein.

Der orthodoxe Jude ist zum einen die leibhaftige Verkörperung
des als überwunden Geglaubten, gleichsam der »Beweis« für das
mögliche Misslungensein des historischen kollektiven »Vatermordes«; er ist zum anderen aber auch – uneingestandenermaßen! – die
Inkarnation eines vermeintlich *authentischen* Ursprungs, wenn man
will: die Personifizierung eines »wahren« Judentums. Das schlechte
Gewissen, das säkulare Israelis oft beschleicht, wenn man sie nach
ihrer »jüdischen Identität« fragt, hat u. a. damit zu tun, dass sich die
einst ideologisch proklamierte, positive Bestimmung des »Neuen
Juden« in Israel als amorph erweist, seitdem die traditionelle Hege-
monie der aschkenasisch-säkularen Kultur immer mehr hinterfragt
wird, nicht- oder gar antizionistische Entwürfe in den israelischen
Diskurs eindringen, und das Religiöse einen ganz neuen Stellenwert in der Debatte um die »Identität« (der Israelis) erhält. Die
berühmte Metapher vom »vollen Wagen« der Religiösen und vom
»leeren« der Säkularen ist mittlerweile zur Matrix eines handfesten
Kulturkampfes geworden, bei dem die Säkularen mit großem Zorn
»ihr« Land verteidigt wissen wollen, dabei aber doch vom latenten
Gefühl der Minderwertigkeit getrieben sind, dem Ansturm des
»wahren« Judentums nichts Rechtes entgegenhalten zu können.

Vormodernes vermengt sich da mit Modernem, vor allem aber ist die brisante Debatte von der »Unheimlichkeit« durchherrscht, »etwas« historisch voreilig abgeschrieben zu haben – eben von der »Wiederkehr eines Verdrängten«.

Ähnliches, wenn auch auf anderer Ebene, lässt sich hinsichtlich der Holocaust-Überlebenden und (-Toten) sagen. Für den Zionismus stellten sie, wie dargelegt, den endgültigen Beweis für die Berechtigung seines ideologischen Postulats der Diaspora-Negation dar. In diesem instrumentalisierenden Sinne können es sich denn die Verfasser der Beitar-Anzeige bis zum heutigen Tag leisten, den israelischen Ministerpräsidenten aufzufordern, sich »unsere sechs Millionen ermordeten Brüder vor Augen« zu halten, wenn es ihnen darum geht, den deutschen Botschafter wegen eines partikularen, aktuellen politischen Interesses des Landes zu verweisen. Für sehr viel mehr als für solche heteronomen Anliegen hielten »unsere sechs Millionen ermordeten Brüder« in der staatstragenden Zionismus-Ideologie in der Tat nicht her. Da sich jedoch im Postulat der Diaspora-Negation immer schon ein Moment der Schuld sedimentiert hatte, das zionistische Argument aber zugleich um der eigenen Raison d'être willen erhalten wurde, musste der Holocaust im ersten Jahrzehnt nach der Staatsgründung beschwiegen, die nach Israel eingewanderten Überlebenden aus dem öffentlichen Diskurs verdrängt werden. Als sich dann aber der israelische Holocaust-Diskurs seiner hegemonialen zionistischen Dimension entledigte, verschiedene Narrative partikularer Lebenswelten und Gemeinschaften sich dabei zunehmend parzellierten, und andere – nichtzionistische – Rezeptionsmuster in die Auseinandersetzung mit der jüdischen Vergangenheit eingingen, erwies sich auch diese erst spät einsetzende Konfrontation mit dem latent immer schon Vorhandenen als die »Wiederkehr eines Verdrängten«: Etwas, das mit der herkömmlichen zionistischen Teleologisierung des Holocaust auf den Staat Israel hin nichts, mit der realen Leiderfahrung der diasporischen Generation der Älteren dafür umso mehr zu tun hatte. Zwar konnte auch diese »Neuentdeckung« flugs zionisiert werden, zugleich ließ sie aber auch das Bewusstsein verdrängter Schuld hinsichtlich des ideologisierten Umgangs mit der Diaspora, vor allem aber mit ihren prototypisierten Protagonisten zu.

Inwieweit freilich diese psycho-kollektive Erkenntnis einen Beitrag zur Aufbrechung verkrusteter ideologischer Glaubenssätze und Überzeugungen in der israelischen politischen Kultur leisten kann, muss erst abgewartet werden. Zu leicht lässt sie sich – wie man gerade von der Psychoanalyse weiß – wegrationalisieren; zu leicht lässt sie sich zudem ideologisch vereinnahmen. Permanente Ideologiekritik ist vonnöten; nicht minder jedoch die Bereitschaft, sich mit dem lange Verdrängten auseinanderzusetzen.

## Anmerkungen

Dieses Kapitel ist die überarbeitete Fassung von: Moshe Zuckermann, Psychoanalyse und Politik. Ein Beitrag zur Analyse der israelischen politischen Kultur, in: Anna Babka, Daniela Finzi, Clemens Ruthner (Hrsg.), *Die Lust an der Kultur/Theorie. Transdisziplinäre Interventionen. Für Wolfgang Müller-Funk*, Wien- Berlin 2013, S.204-215

1.    Theodor W. Adorno, Die Freudsche Theorie und die Struktur der faschistischen Propaganda, in: ders., *Kritik. Kleine Schriften zur Gesellschaft*, Frankfurt/Main 1971, S.62.

# Strategische Verdrängung

Vor dem Hintergrund der in den beiden vorangehenden Kapiteln
thematisierten »Freud-Kategorien« der Angst und der Schuld lässt
sich eine weitere zentrale Kategorie im Freud'schen Denken mit
prägnantem Bezug auf Israels politische Kultur anführen: die der
Verdrängung. Wie sich die im jüdisch-israelischen Kollektiv vorherrschende Verdrängung manifestiert, ließe sich leicht anhand
der Lähmung nachweisen, von der es angesichts der historischen
Sackgasse, in welche sich der israelische Staat hineinmanövriert hat,
offenbar erfasst ist: Zwischen der (trotz Lippenbekenntnissen) nicht
gewollten Zwei-Staaten-Lösung des Konflikts mit den Palästinensern
und der durch die Perpetuierung des Okkupationsregimes objektiv
entstehenden binationalen Struktur gibt man sich »ratlos« und »ohn-
mächtig« unter eklatanter Verdrängung des schlichten Umstands,
dass die selbstverschuldete Sackgasse tendenziell zum historischen
Ende des zionistischen Projekts führt – zum negativ konnotierten
Ende. Das mag hier unerörtert bleiben, und zwar zugunsten der
Klärung eines weiteren Aspekts des israelischen Umgangs mit der
Shoah-Erinnerung bzw. Nicht-Erinnerung.

Für den hier anvisierten Zusammenhang ist dabei (wie bereits weiter oben in dieser Schrift dargelegt) von Belang, dass das
psycho-kollektive Moment sich als *ideologische* Praxis niederschlägt.
Verdrängung soll hier daher als eine Form von Gedächtnis-Verlust
vorgestellt werden, was aber nichts anderes als die strategische Verdrängung bzw. Abweisung von politisch Unverträglichem meint. Dies

Unverträgliche, mithin seine Verdrängung, hat einiges mit besagter Angst und Schuld zu tun.

Bekannt und fast schon zum Pflichtslogan bei jeder Erörterung der Möglichkeiten von Shoah-Gedenken ist Adornos in der »Negativen Dialektik« sich findendes Diktum geworden: »Hitler hat den Menschen im Stande ihrer Unfreiheit einen neuen kategorischen Imperativ aufgezwungen: ihr Denken und Handeln so einzurichten, daß Auschwitz sich nicht wiederhole, nichts ähnliches geschehe.«[1] Dass es solche Popularität erlangte, täuscht darüber hinweg, dass sich in diesem Postulat ein komplexes, wiewohl stets emphatisches Denken verdichtete, dem man sich auszusetzen hat, wenn man die Tragweite dieses aphoristisch verkürzten Diktums adäquat begreifen möchte. Dies kann hier in seinem vollen Anspruch nicht geleistet werden. Hingewiesen sei stattdessen auf einen 1966 abgehaltenen Rundfunkvortrag, in welchem Adorno behauptete, dass jede Debatte über Erziehungsideale »nichtig und gleichgültig« sei dem einen zentralen Erziehungsziel gegenüber, dass sich Auschwitz nicht wiederhole: »Es war die Barbarei, gegen die alle Erziehung geht. Man spricht vom drohenden Rückfall in die Barbarei. Aber er droht nicht, sondern Auschwitz *war* er; Barbarei besteht fort, solange die Bedingungen, die jenen Rückfall zeitigten, wesentlich fortdauern. Das ist das ganze Grauen.« Und weiter heißt es dann: »Der gesellschaftliche Druck lastet weiter, trotz aller Unsichtbarkeit der Not heute. Er treibt die Menschen zu dem Unsäglichen, das in Auschwitz nach weltgeschichtlichem Maß kulminierte«.[2]

Nimmt man diese Aussage ernst, so erweist sich, dass für Adorno (wie auch schon für Walter Benjamin *vor* Auschwitz) Andenken sich nicht mit der Erinnerung als moralischem Bewahrungsakt begnügt, sondern letztlich auf die Erfassung der Umstände, die das zu Erinnernde bewirkt haben, und ihrer relevanten Aufarbeitung für die aktuelle Zeit der nachmals Erinnernden zielt: Erinnerung und Andenken also als praktischer Auftrag in emanzipativer Absicht.

Ungeachtet seines berühmt gewordenen Diktums, wonach »alle Kultur nach Auschwitz, samt der dringlichen Kritik daran, Müll« sei[3], ist es Adorno demnach nicht nur um eine des Unsäglichen eingedenkende Kultur – »nach Auschwitz« – zu tun, sondern auch um eine Emphase des Verstehens. Hierbei stechen nun folgende gravierende Momente hervor: Adornos Auffassung des Geschehenen zeichnet sich durch eine universal ausgerichtete Einstellung aus. Er spricht von einem fundamentalen »Stand der Unfreiheit« der Menschen, von einem im Wesentlichen repressiven und entfremdeten Zustand des Bestehenden also. Dementsprechend begreift er auch die »Bedingungen«, die das Ungeheuerliche zeitigen konnten, als historisch-sozial determiniert, namentlich als einen weiterhin lastenden »gesellschaftlichen Druck«, eine stets fortdauernde Not, deren äußeren Erscheinungen in der Ära »nach Auschwitz« gleichwohl unsichtbarer geworden seien. Es ist nun dieser Zustand, der den »Rückfall in die Barbarei« sowohl zur historisch konkretisierten – also bereits vollbrachten – Manifestation als auch zu der nunmehr nie wieder wegzudenkenden Möglichkeit ihrer permanent drohenden Wiederkehr hat werden lassen. Auschwitz *war* schon der Rückfall in die Barbarei; womit es zum Paradigma eines dem ungebrochenen Fortschrittsoptimismus der Aufklärung gegenläufigen »Zivilisationsbruchs«[4] werden musste. Die Einzigartigkeit des Geschehenen

ist also als ein Allgemeines zu denken, als Kulminationspunkt einer
»nach weltgeschichtlichem Maß« angelegten Permanentbedrohung.
Dass, wie Adorno sagt, »in den Lagern nicht mehr das Individuum
starb, sondern das Exemplar«, somit also der nazistische Völkermord
»die absolute Integration« darstellte[5], ist also als Symptom einer
welthistorischen Entwicklung, darüber hinaus aber auch als die Uni-
versaldiagnose einer Zivilisation mit dem Potenzial eines Rückfalls in
die Barbarei zu verstehen. Daher der Auftrag, Adornos sogenannter
»neuer kategorischer Imperativ«, dass das einzigartig durch Auschwitz
als Maßstab Gesetzte sich nicht wiederhole, nichts diesem Maßstab
sich auch nur Näherndes – »nichts ähnliches« – geschehe.

Nun erhebt sich aber die Frage, wie sich die erzieherische Ver-
mittlung solchen historischen Grauens überhaupt bewerkstelligen
lässt. Bezeichnend ist für diesen Zusammenhang eine Bemerkung
Max Horkheimers aus dem Jahre 1960. Anlässlich des damals be-
vorstehenden Prozesses Adolf Eichmanns vor einem israelischen
Gericht meinte er bezüglich der von israelischer Seite vertretenen
Auffassung, der Prozess solle »die Jugend im eigenen Land und die
Völker draußen über das Dritte Reich aufklären«, dass wenn »solche
Erkenntnis durch die gründliche Literatur, die in wissenschaftlichen
wie in allgemein zugänglichen Werken der Kultursprachen vorliegt,
nicht zu vermitteln ist, sondern erst in Form neuester Prozeßberich-
te und internationaler Sensationen die Bedeutung gewinnen soll,
die ihr im Bewußtsein der heutigen und künftigen Generationen
zukommt, ist es schlecht um sie bestellt.«[6]

Die von Horkheimer angesprochene Misslichkeit berührt freilich
nicht nur die postulierte Angemessenheit eines spezifischen Begrei-

fens und Erinnerns des »Dritten Reichs« und der Shoah. Horkheimer
wusste ja um den allumfassenden und rapide verbreiteten Charakter
kulturindustrieller Vermittlung und Manipulation von sozialem und
historischem Bewusstsein. Nur zu verständlich daher, dass ihm eine
solche Vermittlung in Zusammenhang mit der Shoah-Rezeption als
eine unverzeihliche Sünde erscheinen musste (wobei hier unerörtert
bleiben mag, wie und ob der gerichtliche Prozess grundsätzlich als
Medium der Auseinandersetzung mit dem Holocaust geeignet ist).

Gleichwohl geht es hier aber um zwei weitere gewichtige Faktoren, die bei Horkheimer freilich nur indirekt anklingen: um den
notwendig *partiellen* Charakter des historiographischen Aktes einerseits, andererseits aber auch um den (damit zusammenhängenden)
wesentlich *ideologischen* Charakter einer jeden Vergangenheitsre-
zeption. Da die akkumulative Bildung des Kollektivgedächtnisses
(einschließlich seiner historiographischen Manifestationen) als
Erzeugnis, zugleich aber auch als wirkender Faktor einer historisch
gewachsenen gesellschaftlichen Praxis zu verstehen ist, sortiert,
wählt und verdrängt das Gedächtnis »unliebsame« Teile – zuweilen
gar höchst bedeutende Teile – des Vergangenen aus dem vorherrschenden Bewusstsein des Kollektivs. Nicht zuletzt deshalb besteht
stets eine notwendige Diskrepanz zwischen der Vergangenheit als
geschichtlicher Realität des Kollektivs und deren Gestaltungen
im Kollektivgedächtnis. Diese Diskrepanz hängt zwar immer mit
wirklichen Geschehnissen in der Vergangenheit zusammen, ist
aber zugleich auch für die latente, im Wesentlichen narzisstisch-
ideologische – mithin heteronome – Funktion des Selektionsaktes
verantwortlich. Daraus wiederum erklärt sich, dass die im Kollek-

tivgedächtnis vorzufindenden Erinnerungsbausteine nie in voller
Komplexität, schon gar nicht in ihrer »Gänze« bewahrt werden,
sondern einen langen Prozess zunehmender Simplifizierung oder
auch verdichteter Abstraktion durchlaufen, bis sie sich schließlich
in kommod zugängliche Motive auf einer Bewusstseinsmatrix bzw.
in Codes verwandelt haben.[7]

Besagte Selektions- und Kodifizierungsprozesse prästabilisieren
die Strukturen hegemonialer Erinnerungsnarrative in einer Weise,
dass alles, was dem hegemonialen Narrativ als unliebsam gilt, abge-
stoßen wird, womit denn Teile des Kollektivs in die Randständigkeit
gedrängt werden und ihr Gedächtnis vor der Konsensübermacht
kapituliert. Gedächtnis-Verlust muss, so besehen, strukturell begriffen werden. Von selbst erweist sich dabei das Ideologische solcher
Inklusions- und Exklusionsprozesse. Hinzu kommt aber auch die
Wirkmächtigkeit des Populären, wie sie sich seit Jahrzehnten im
fortschreitenden Siegeszug der Kulturindustrie weltweit manifestiert. Bei aller kulturindustriellen Verhunzung und Bagatellisierung
des Grauens muss daher in Kauf genommen werden, dass eine auf
Trivialveranschaulichung angelegte TV-Kitschserie wie »Holocaust« oder auch Steven Spielbergs Kassenerfolg »Schindlers Liste«, gerade weil sie auf Personenschicksale und quasi-individuelle
Identifikationsfiguren angelegt sind, mehr an Publikumswirksamkeit
und (wie immer primitiv geprägtem) Massenbewusstsein zu leisten
vermögen als beispielsweise Claude Lanzmanns akribische Detail-
rekonstruktion des Erinnerten in »Shoah« oder andere Arten der
Dokumentation, schon gar nicht zu sprechen von der ihrem Wesen
nach trocken-sachlichen, daher für Breitenwirksamkeit an sich schon

ungeeigneten wissenschaftlichen Darlegung und Erörterung. Dieses
Strukturmoment muss mitbedacht werden, wenn man von einem
Kollektivgedächtnis, mithin vom Postulat der kollektiven Vermittlung
geschichtlicher Erinnerung ausgeht. Um dies zu exemplifizieren,
seien hier drei Fallbeispiele aus der israelischen Shoah-Gedenkkultur
herangezogen. Sie dürfen auf je eigene Weise als symptomatisch für
ideologisch vorgeprägten Gedächtnis-Verlust gelten.

## Gedächtnis-Verlust durch ideologische Anreicherung

In Israel heißt der Holocaust Gedenktag »Tag der Erinnerung an die
Shoah und den Heldenmut«. Er wurde bereits 1951 von der Knesset
festgesetzt, aber erst 1959 zum Gesetz erhoben. Sein Datum – der
27. des jüdischen Monats Nissan – soll durch Datumsnähe den Warschauer Ghettoaufstand symbolisch mit in die Erinnerung aufneh-
men. Nun weiß man aber, dass die wenigsten Shoah-Überlebenden
von ihren Schreckenserfahrungen in Kategorien des Heldenmuts
zu reden pflegten. Weder das Durchleben des Grauens noch das
Überleben galt ihnen gängigerweise als etwas, das mit dem Pathos
des Heldenhaften in Verbindung gebracht werden kann. Bedenkt
man darüber hinaus, dass die lebensweltlichen Realitäten der Überlebenden in den 1950er-Jahren, ihre psychischen Gebrochenheiten, die
nächtlichen Schreie, die peinigenden Gefühle horrenden Verlustes
und unsäglicher Überlebensschuld kaum, wenn überhaupt je, in
die öffentliche Sphäre der sich damals heranbildenden israelischen
Gesellschaft drangen, erhebt sich die Frage, wieso man »Helden-

mut« in den staatsoffiziellen Namen des Gedenktages aufnahm.
Die Frage stellt sich umso dringlicher, als niemand im damaligen
Israel allen Ernstes ein Equilibrium zwischen der millionenfachen
industriellen Vernichtung der Juden und dem im Hinblick auf
das Menschheitsverbrechen, bei aller lokalen Bedeutung, letztlich
randständigen Ereignis des Warschauer Ghettoaufstands zu pos-
tulieren sich einfallen ließ. Die Antwort darauf liegt im Bereich
der staatsideologischen Bedürfnisse: Man wollte gerade die Opfer-
Ohnmacht der Juden in der Shoah nicht zum Faktor der nationalen
Identitätsbildung des »Neuen Juden«, wie ihn der Zionismus sich
vorgestellt und gefördert hatte, werden lassen – personifizierte ja
der Shoah-Überlebende in seiner Schwäche, Ohnmacht und Gebro-
chenheit das Diasporische, welches der Zionismus zu überwinden
trachtete. Wie bereits weiter oben dargelegt, war die wiederholte
Frage von Alteingesessenen im Lande, aber auch von Kindern der
Überlebenden, wieso man sich »wie Vieh auf die Schlachtbank«
habe führen lassen, symptomatisch für das Unverständnis (und auch
die Arroganz), mit denen man den Überlebenden im jungen Israel
begegnete. Die Staatsideologie bediente sich zwar der »Shoah« als
»Beweis« für die Berechtigung des zionistischen Grundpostulats,
dass alle Juden der Welt sich in Israel einzufinden hätten, wenn sie
in Sicherheit leben wollten, war aber damals kaum geneigt, sich mit
den überlebenden Opfern der Shoah und ihrer lebensgeschichtlichen
Last auseinanderzusetzen.

So erwies sich der Umgang mit der Shoah in Israel in den frühen
Phasen des Staates als *Argument* für den Zionismus, der aber mit
dem Andenken an die Opfer im Stande ihres Opfer-Seins nicht viel

zu tun hatte. Im Gegenteil, die Shoah wurde im Israel der 1950er-Jahre zumeist beschwiegen, wenn sie nicht staatsoffizielle Belange, wie die Wiedergutmachungs-Abkommen von 1952, tangierte oder als kontroverser Eklat, wie etwa beim Prozess gegen den wegen seinen Verhandlungen mit den Nazis umstrittenen Zionisten Rudolf Kasztner, ins öffentliche Bewusstsein drang. Die eigentliche Leiderfahrung der Opfer wurde weitgehend vom öffentlichen Raum ausgeschlossen, was sich erst mit dem Eichmann-Prozess von 1961 ändern sollte. Im hier erörterten Zusammenhang sei hervorgehoben, dass die ideologisch beseelte Anreicherung des Gedenkspektrums mit der Kategorie des »Heldentums« eher volens als nolens einem strukturellen Gedächtnis-Verlust Vorschub leistete. Denn allein schon durch die semantische Gleichstellung des »Heldenmuts« mit der »Shoah« in der israelischen Erinnerungsnomenklatur ergab sich eine Verschiebung, die jüdischem Heldentum, dessen man zionistisch-ideologisch bedurfte, einen Stellenwert beimaß, der ihm historisch, zumindest im Hinblick auf die wahre Wesensbestimmung der Shoah – die Katastrophe der Massenvernichtung und kollektive Ohnmacht – nicht gebührte.

## Gedächtnis-Verlust durch Homogenisierung von Heterogenem

Das israelisch-zionistische Shoah-Narrativ generierte sich, wie bereits angedeutet, recht früh im Sinne instrumenteller Vorgaben der staatstragenden Ideologie: Da der Zionismus die Lösung dessen, was im Europa des 19. Jahrhunderts als das sogenannte »jüdische Prob-

lem« erwuchs, im Rahmen einer nationalen Heimstätte für die Juden
anstrebte; da aber die Juden, auf allen Kontinenten verstreut, noch
in der »Diaspora« lebten und erst im künftig zu gründenden Staat
Israel versammelt werden sollten; und da die Anziehungskraft des
politischen Zionismus sich unter den Juden anfangs noch in Grenzen
hielt, bildete sich sehr bald eine mit Verve postulierte Dichotomie
zwischen »Zionismus« und »Diaspora«, die (vom Zionismus aus
gesehen) auf die Aufhebung allen diasporischen Daseins der Juden
zielte. Und weil man die Shoah als endgültigen »Beweis« für die
Notwendigkeit einer geschichtlichen Überwindung der Diaspora
ansah, wurden Israel und die Shoah ideologisch in einen Kausalnexus
gestellt: Israel sei die »Antwort« auf die Shoah, ein Postulat, das
schnell genug zum sloganhaften Ideologem »Von der Katastrophe
zur Erhebung« (*mi'schoah le'tkumah*) gerinnen sollte.

Nun ist aber Israels Gesellschaft gerade durch die historischen
Prädispositionen ihrer Genese ein nach außen hin zwar homogen
auftretendes, nach innen aber heterogenes, mithin zutiefst gespaltenes
Kollektiv: Es ist durchsetzt von einer klaren ethnischen Auffächerung,
die sich vor allem unter aschkenasischen und orientalischen Juden oft
genug zum antagonistischen Politikum verdichtet; von einem häufig
in Konflikte ausartenden Gegensatz von säkularen und religiösen
Juden (wobei diese sich noch in orthodoxe, nationalreligiöse und
traditionelle Juden aufteilen); von einer in diversen Bereichen des
zivilen Lebens sich manifestierenden Spannung zwischen Juden
und Arabern; von einer Divergenz zwischen Alteingesessenen und
Neueinwanderern, zwischen Siedlern in den besetzten Gebieten und
ihren Widersachern im Kernland Israel, zwischen der sogenannten

»Generation der Staatsgründer« und nachgeborenen Generationen – die Liste sozialer, politischer und kultureller Diskrepanzen ließe sich noch um einige gewichtige Koordinaten verlängern. Von selbst versteht sich dabei, dass das staatsoffizielle Shoah-Narrativ zwar einen hegemonialen, tief ins israelische Erziehungssystem und den öffentlichen Diskurs hineingreifenden Rang einnimmt, die Erinnerungscodes der einzelnen Lebenswelten und Privatsphären hingegen sich als merklich heterogen erweisen.[8] So darf davon ausgegangen werden, dass der Shoah-Erinnerung bei Juden aschkenasischer Provenienz, die vom Holocaust lebens- und familiengeschichtlich direkt betroffen waren, ein ganz anderer psychologischer und bewusstseinsbestimmender Stellenwert zukommt als bei den vom Geschichtsereignis unmittelbar verschont gebliebenen orientalischen Juden.[9] Gleiches gilt noch mehr für die unterschiedliche Bedeutung des Shoah-Andenkens für jüdische und arabische Bürger des Landes.[10] Mittlerweile stellt sich heraus, dass ein solcher Unterschied sich auch zwischen Einwanderern, die ihre politische Sozialisation noch in der ehemaligen Sowjetunion erfahren haben, und Israelgebürtigen ausmachen lässt.

Als exemplarisch sei in diesem Zusammenhang der identitätsdiskursive Unterschied zwischen religiösen und säkularen jüdischen Israelis herangezogen. Gemeint sind hier vor allem orthodoxe bzw. ultraorthodoxe, nicht also *national* religiöse Gruppen in Israels gottesgläubigem Lager. Denn während sich die letzten von Anbeginn dem zionistischen Projekt praktisch verpflichtet wussten – ihre Gruppenidentität also unter anderem *auch* über die moderne nationalstaatliche Souveränität gewannen –, hielten sich erstere aus diesem Projekt entschieden heraus bzw. sahen in ihm eine besonders verwerfliche Form kollektiver jüdischer Häresie: Die vom weltlichen Zionismus angestrebte Gründung eines jüdischen Staates wurde als ein eigenmächtiger Ein- bzw. Vorgriff in die gottgewollte *messianische* Erlösung des jüdischen Volkes, welche die Neuerrichtung des altjüdischen Königreiches und die Neuerbauung des zerstörten Gottestempels erst eigentlich ermöglichen soll, aufgefasst. Nicht von ungefähr also deuten bis heute die religiösen Ultras des Judentums – neben dem allgemeinen, durch Aufklärung (*Haskala*) und Assimilation forcierten Abfall vom orthodoxen Glauben – vor allem die Hybris des politischen Zionismus als Ursache für Gottes Bestrafung des jüdischen Volkes durch den Holocaust. Auf einer anderen Ebene werden dabei die Zionisten selbst zuweilen bezichtigt, die Shoah als »notwendig« für eine Gründung des Staates Israel erachtet zu haben, an ihr gar in gewissem Maße *interessiert* gewesen zu sein. Andererseits werden exponierte Vertreter der historischen orthodox-rabbinischen Führung noch heute von Zionisten beschuldigt, eine mögliche Massenauswanderung von Juden nach Palästina in den 1930er-Jahren mit dem Schiedsspruch, »die Mauer *nicht* zu besteigen« (also *nicht* nach Zion auszuwandern), unterbunden zu haben, womit sie das Schicksal ihrer Gemeinden besiegelt hätten.

Einen prägnanten Höhepunkt erreichte die unter solchen Vorzeichen geführte Debatte, als Mitte der 1990er-Jahre eine führende politische Persönlichkeit aus der Jerusalemer Religionsorthodoxie mit der Forderung hervortrat, die Bilder nackter, in den Tod getriebener jüdischer Frauen von den Wänden Yad Vashems abzuhängen, weil sie »unzüchtig« seien. Höchst bezeichnend war dabei, dass er

die entrüsteten Reaktionen nichtreligiöser Bürger mit dem Hinweis
parierte, die orthodoxen Juden hätten »eine andere Narration« des
Holocausts als die Zionisten, und es wäre überhaupt an der Zeit,
dass sie ihr eigenes Yad Vashem erhielten.

Das Unvereinbare beider Narrative erweist sich indessen nicht
in den polemischen Dimensionen des Diskurses, sondern in einem
wesenhaften Gegensatz der Shoah-Deutung auf beiden Seiten: Denn
während sich für Zionisten die Errichtung des Staates Israel nicht
zuletzt mit dem Geschichtsereignis der Shoah begründet, sehen jene
Strömungen des orthodoxen Judentums, von denen hier die Rede ist,
in der Hybris des zionistischen Anspruchs auf eine eigenmächtige,
dem Willen Gottes zuwiderlaufende Staatsgründung die Ursache
für Gottes Bestrafung des gesamten jüdischen Volkes. Prägnant
formuliert: Während der Zionismus den Staat als eine aus der Shoah
erwachsenen Notwendigkeit deutet, erklärt das orthodoxe Judentum
(bzw. bestimmte Strömungen in ihm) die Shoah aus der Anmaßung
der Staatsgründung. Kausale Wirkung und Ursache sind in beiden
Narrativen so diametral umgekehrt, dass sie nicht miteinander zu
vereinbaren sind. Das Vorwalten des einen Narrativs geht zwangsläufig mit Gedächtnis-Verlust auf Kosten des anderen einher.

## Gedächtnis-Verlust durch
## symbolisch-ideologische Verkürzung

Der Versuch, Richard Wagners Musik, geschweige denn ganze Opern
von ihm in Israel aufzuführen, ist seit Jahrzehnten insofern zum
Scheitern verurteilt, als eine jede solche Veranstaltung regelmäßig –

im Vorfeld, während ihres Ablaufs, aber auch noch im Nachhinein – zum öffentlichen Skandalon gerät.[11] Ob Zubin Mehtas Versuch im Jahre 1981, Daniel Barenboims erneuter Ansatz zwanzig Jahre später, ja selbst eine Aufführung von Wagner-Stücken im beschränkten Rahmen der Musikakademie der Tel Aviver Universität anlässlich einer vom dortigen Institut für deutsche Geschichte organisierten (kritischen) Wagner-Tagung – alle diese Unternehmungen mündeten stets im Eklat, an dem zumeist »die Öffentlichkeit«, spätestens seit 2001 jedoch auch die offizielle Politik beteiligt war, als ein Ausschuss des israelischen Parlaments sich nicht entblödete, Daniel Barenboim für eine kulturelle *persona non grata* in Israel zu erklären.

Die Ursprünge des Boykotts gehen auf die Gründungszeit des Orchesters (1936) zurück, als es – damals noch »Palestine Symphony Orchestra« genannt – im Jahre 1938 zum Zeichen des offiziellen Protestes gegen die Pogromereignisse der »Reichskristallnacht« von der geplanten Aufführung Wagner'scher Musik bei einem Konzert absah. Nach der Staatgründung wurde diese selbstauferlegte Enthaltung auf andere israelische Orchester und die israelischen Rundfunkanstalten erweitert. Na'ama Sheffi hat in ihrem 2002 erschienenen Band »Der Ring der Mythen. Die Wagner-Kontroverse in Israel« diese politisch wie kulturell merkwürdige Rezeptionsgeschichte ausführlich erforscht und nachgezeichnet.[12] Viele Antworten bieten sich auf die Frage nach der Boykottpersistenz an; ausschlaggebend scheint indes zu sein, dass der Antisemitismus der Person Wagners in Verbindung mit der spezifischen Rezeption Wagners und seines Werks in der nationalsozialistischen Ideologie und im Kulturleben des Dritten Reichs dem Boykott immer wieder neues Leben einhauchten. Die

lange Debatte über dieses, wie gesagt, nie formalisierte Aufführungsverbot fußt dabei auf drei zentralen Diskursachsen: der Rezeption
des Wagner'schen Werks; dem staatsoffiziellen Shoah-Gedenken
in Israel; der öffentlichen Rücksichtnahme auf die Gefühle von
israelischen Shoah-Überlebenden.

Es waren allerdings nicht ideologiekritische Fragen und Bedenken, die man gegen Wagners kontroverses künstlerisches Werk
gewiss anführen kann, welche das öffentliche Verhältnis Israels zu
diesem Werk maßgeblich prägten, sondern der Umstand, dass Wagners Werk und Person zu einem die israelische Shoah-Erinnerung
bedienenden, quasi-staatlichen kulturellen Symbol nach und nach
gerannen. Dies darf stutzig machen: In einem Land, das ganze
sieben Jahre nach Auschwitz einen offiziellen ökonomischen Ver-
trag mit dem von ihm selbst als solches apostrophierten »anderen
Deutschland« abschloss, mithin gleich zu Beginn seines staatlichen
Bestehens die Materialisierung der Sühne etablierte; in einem
Land, das knappe 20 Jahre nach der Vernichtungskatastrophe (aus
nachvollziehbaren praktischen Gründen) volle diplomatische Beziehungen mit dem Urheberland der Katastrophe einging; in einem
Land, in dem viele seiner infrastrukturellen Gebilde, Institutionen
und großen zivilen wie militärischen Anschaffungen durch deut-
sches Kapital finanziert werden; in einem Land, in dem deutsche
Waren und Produkte die Straßen, Gebäude und Geschäftsläden
anfüllen – in diesem Land, in welchem darüber hinaus keine einzige
staatliche Institution existiert, die seiner spezifisch geschichtsträch-
tigen, pejorativen (oder zumindest ambivalenten) Beziehung zu
Deutschland angemessenen Ausdruck zu verleihen vermöchte, ist

ein 1883 verstorbener Komponist zum halboffiziellen Symbol einer
Aversion gegen Deutschland avanciert. Nicht nur widerspiegelt
sich in diesem publiken »Erinnerungs«-Überbleibsel die bigott-
instrumentalisierende Ausrichtung »Israels« auf »Deutschland«
und die »deutsche Vergangenheit«, sondern es sedimentiert sich
darin auch die ideologisch längst prästabilisierte, in die kleinsten
Poren der israelischen Alltagskultur eingegangene Banalisierung
des Shoah-Gedenkens. Denn mit Recht darf behauptet werden:
Wenn es (neben jährlichen patriotischen Zeremonien) *das* ist, was
die staatliche Öffentlichkeit zum Gedenken dessen, wofür der
Staat das Monopol der Erinnerungskonservierung beansprucht,
aufzubieten hat, ist es ums israelische Kollektivgedenken nicht zum
Besten bestellt.

In diesem Zusammenhang wird gemeinhin das Argument der
notwendigen Rücksichtnahme auf diesbezügliche Gefühle und
Empfindlichkeiten von Shoah-Überlebenden erhoben. Das ist in
der Tat ein gewichtiger Einwand, der sich nicht leichterhand weg-
diskutieren lässt (und auch nicht wegdiskutiert werden *sollte* – wer
würde sich schon getrauen, sich auf eine »rationale« Diskussion mit
derlei Emotionen einzulassen?). Und doch ist es unerlässlich, auch
dazu einige Überlegungen anzustellen. So ist es an der Zeit, damit
aufzuhören, Shoah-Überlebende als einen monolithischen Block
mit einheitlich gebildeten Empfindungen und homogen geformtem
Willen wahrzunehmen. Shoah-Überlebende selbst haben unterschiedliche Zugänge zu Wagners Kunst; die meisten unter ihnen
dürfte sie mehr oder minder kalt lassen. Für Shoah-Überlebende,
die außerhalb Israels leben, ist Wagner als Politikum zumeist kein

Thema. Das Empfindlichkeits-Argument, das oft im Namen der Überlebenden (nicht unbedingt von ihnen selbst, und gewiss nicht von allen) hervorgeholt wird, erweist sich, so besehen, als paternalistisch und erscheint als (paradoxe) Fortsetzung der tumben Überheblichkeit, durch welche das Verhältnis eines Großteils der israelischen Öffentlichkeit zu Belangen der Überlebenden über Jahre gekennzeichnet war. Gerade die israelische Gesellschaft stach *ideologisch* durch ihre Unfähigkeit zur Einfühlung in die psychischen Welten der Überlebenden hervor. Sie war es, die in den ersten Jahren ihres Bestehens in ihnen primär die ultimative Verkörperung alles »Diasporischen« erblickte, von ihnen gar als »Menschenstaub« sprach; sie war es, die sie vorwurfsvoll mit dem Attribut wehrloser Ohnmacht belegte und, wie erwähnt, mit »Vieh, das zur Schlachtbank geführt worden war« verglich, mithin der Ideologie ihres Umgangs mit dem historischen Grauen bezeichnenden Ausdruck verlieh. Gerade jene, die das Empfindlichkeits-Argument in den Diskurs einwerfen, werden darin zu Ideologen, weil sie sich nie um die realen Empfindungen der Shoah-Überlebenden gekümmert haben, dafür aber umso emphatischer um eine »Reinheit« des Gedenkens, die es in Israel nie gegeben hat.

Man mag zur Frage der Aufführung von Wagner-Werken in Israel stehen, wie man will, eines dürfte gleichwohl gewiss sein: Solange das Aufführungsverbot mit einer staatlich-öffentlichen »Rücksichtnahme« auf jene begründet wird, die eine solche Rücksichtnahme seitens der öffentlichen Staatlichkeit nie wirklich erfahren haben; solange sich herausstellt, dass das Aufführungsverbot lediglich als erbärmlicher Ersatz für das genuine Gedenken des historischen

Grauens fungiert, welches durch seine fortwährende staatliche Instrumentalisierung längst entstellt worden ist – wird die Forderung, das Verbot aufrechtzuerhalten (und zwar selbst, wenn sie aus dem Munde von Shoah-Überlebenden kommen sollte), nichts als eine weitere Etappe im langen Weg der Ideologisierung des israelischen Shoah-Gedenkens bilden. Der Gedächtnis-Verlust manifestiert sich in diesem eigentümlichen Kontext nicht nur darin, dass durch symbolische Verkürzung historische Tatsachen und reale Begebenheiten außer Acht gelassen, gegebenenfalls gar unbeschwert entstellt und verhunzt werden, sondern vor allem darin, dass durch die Fetischisierung des Symbols und dessen ideologisch geprägte Überfrachtung die Subjekte des historischen Geschehens als Opfer, daher auch als Objekte nachmaligen Andenkens, realiter aus dem Blickfeld verschwinden.

Man mag sich freilich fragen, ob der kollektive Verlust von Gedächtnis nicht auch eine (positive) Funktion erfüllt, ja in bestimmten historischen Konstellationen sich gar als notwendig erweist. Nicht wenige, teils prominente Historiker insistieren z. B. bis heute darauf, dass das verbreitete Beschweigen des geschichtlich jüngst Vergangenen in der BRD der 1950er-Jahre unabdingbar war für die effektive Konsolidierung einer funktionierenden liberalen Demokratie; dass also eine intensive Auseinandersetzung mit der Vergangenheit und deren Aufarbeitung zunächst nicht nur nicht möglich waren, sondern im Nachhinein als für die damalige Zeit nachgerade unerwünscht zu bewerten seien. Gleiches wird in Bezug auf das gängige Beschweigen der Shoah im ersten Jahrzehnt nach Israels Staatsgründung behauptet. Im Kontext der damals unter großen Mühen und Hindernissen angegangenen Errichtung einer

neuen Gesellschaft sei weder sozialpsychologisch noch national-
moralisch Raum für die Konfrontation des historischen Grauens
gegeben gewesen. Solche zweckrationale Argumentation ist nicht
von der Hand zu weisen, freilich unter der Voraussetzung, dass man
derlei Geschichtsvergessenheit nicht zum verfestigten Postulat
erhebt. Benjamins Engel der Geschichte kommt da in den Sinn,
dessen Unfähigkeit, den Blick von der Trümmer auf Trümmer häu-
fenden Katastrophe der Menschheitsgeschichte zu wenden – also die
eingedenkende Erinnerung –, als eine wesentliche Bedingung der
Emanzipation von ebendiesem katastrophischen Geschichtsverlauf
begriffen wird. Dabei stellt sich nun aber das andere hier erörterte
Problem, dass Erinnerung selbst zur Grundlage des Vergessens,
Gedächtnis zum Faktor seines eigenen Verlustes geraten kann. Dies
hat mit mehrerlei zu tun.

Zum einen gilt es zu fragen, ob Auschwitz überhaupt erinnert,
das in ihm Geschehene nachvollzogen werden könne. Wenn man sich
nicht mit dem trivialen Hinweis auf die Möglichkeit von Fakten- und
Datenaneignung als Antwort auf diese Frage begnügt, mithin die
verzweifelte Unfähigkeit eines Adorno, dem Unsäglichen überhaupt
einen Namen geben zu können, ernst nimmt; wenn man darüber
hinaus von der Annahme ausgeht, dass authentische Erinnerung nur
als eingedenkende Reflexion, also als ein Nach-Denken aus Distanz
möglich wird, dann vollzieht sich der Erinnerungs- und Gedenkakt
unweigerlich *auch* als Eingeständnis einer zwangsläufigen Entfer-
nung und Entfremdung, die ja im A posteriori des Nachvollzogenen
strukturell angelegt ist. Zu wahren gilt es dabei ein hermeneutisches
Spannungsverhältnis zum Gegenstand der Erinnerung.

Zum zweiten wird aber dieses hermeneutische Spannungsverhältnis gerade durch die Popularität kulturindustrieller Vermittlung
des Grauens unterwandert. Spielbergs »Schindlers Liste« muss in
diesem Kontext als die Hollywoodisierung unserer Wahrnehmung
von Auschwitz anvisiert werden, also als das, was nicht nur durch
Plot, Drama und Effekt zum Konsumierbaren verkommt, sondern
darin auch in einer Weise kathartisch wirkt, dass das Unfassbare ver-
dinglicht, das Entsetzen zum Lustgewinn und die Katastrophe zum
kulturellen Event wird. Bedenkt man nun, welchen Siegeszug die Kulturindustrie der letzten Jahrzehnte in unser aller Alltag eingehalten
hat, lässt sich erst eigentlich ermessen, mit welchen Schwierigkeiten
die Herausforderung, sich solch verführerischer Imprägnierung des
Bewusstseins zu entschlagen, immer schon verbunden ist.

Das wiederum hat – zum dritten – etwas mit dem Grundumstand
zu tun, dass Menschen sich nur widerwillig ihrer Mythen berauben
lassen. Dekonstruktionen wirken daher zumeist bedrohlich, denn
die zu dekonstruierenden Mythen bedienen ja Bedürfnisse, und
zwar sowohl im psychisch Individuellen als auch im ideologisch
Kollektiven. Wovon Menschen sich im Innersten nicht verabschieden
wollen, lässt sich kaum mit lapidarem Tabubruch entmystifizieren –
dagegen sträubt sich das narzisstische Bedürfnis, dagegen verwehren
sich auch ideologisch prästabilisierte Strukturen des Gedächtnisses,
wenn Aufklärung kollektive Selbstgewissheiten aufmischt und das
selbstgewisse Subjekt in den Zustand der Ambivalenz, zuweilen in
den anomischer Verunsicherung schleudert.

Wenn Gedenkstätten und Museen unter diesem Gesichtspunkt
eine Aufgabe haben, dann wäre sie in erster Linie jene der heilsa-

men Verstörung. Eine Gedenkstätte kann solche Verstörung kraft der ihr eigenen Aura leisten, aber nur, wenn sie diese nicht zum Fetisch verkommen lässt, sondern sich im Gegenteil dem Ziel verschreibt, das sich in ihr Manifestierende bzw. von ihr zur Rezeption Angebotene zum Gegenstand kritischer Reflexion und besinnlichen Nach-Denkens zu erheben. Sie sollte nicht Besucher produzieren, die aus ihr »moralisch gestärkt« herausgehen, weil sie die Gedenkstätte besucht haben, sondern das in ihr Erlebte und Erfahrene zur Matrix jener hermeneutischen Spannung geraten lassen, die mit einer inneren Unruhe, einem leisen Entsetzen, vielleicht auch mit einer existentiellen Verstörung einhergehen muss. Ein jeder kann in Gedenkstätten zum »Engel der Geschichte« heranwachsen, wenn er angesichts dessen, was ihm die Gedenkstätte vor Augen führt, aufzuschrecken vermag. Darin unter anderem bestünde das Emanzipative des Gedenkaktes, wäre mithin das, was durch Gedächtnis-Verlust abhandengekommen ist, wieder präsent, wieder erinnert, wieder gewonnen.

## Anmerkungen

Dieses Kapitel ist die überarbeitete Fassung von: Moshe Zuckermann, Erinnerung und Gedenken als kollektive Strategie, in: Linda Erker, Klaus Kienesberger, Erich Vogl, Fritz Hausjell (Hrsg.), *Gedächtnis-Verlust? Geschichtsvermittlung und -didaktik in der Mediengesellschaft*, Köln 2013, 26-40

1.  Theodor W. Adorno, *Negative Dialektik*, Frankfurt/Main 1982, S.358
2.  Theodor W. Adorno, Erziehung nach Auschwitz, in: ders., *Erziehung zur Mündigkeit*, Frankfurt/Main 1971, S.88
3.  Adorno, (wie Anm. 1), S.359
4.  Dan Diner (Hrsg.), *Zivilisationsbruch. Denken nach Auschwitz*, Frankfurt/Main 1988

5.  Adorno, (wie Anm. 1), S.355
6.  Max Horkheimer, Zur Ergreifung Eichmanns, in: ders., *Gesammelte Schriften*, Band 8, Frankfurt/Main 1985, S.156f.
7.  Moshe Zuckermann, *Shoah im abgedichteten Zimmer*, Tel-Aviv 1993, S.4ff. (hebräisch)
8.  Moshe Zuckermann, Die Parzellierung der Shoah-Erinnerung im heutigen Israel. Vom historischen Ereignis zum Gegenstand ideologischer Projektion, in: Werner Gephart und Karl-Heinz Saurwein (Hrsg.), *Gebrochene Identitäten. Zur Kontroverse um kollektive Identitäten in Deutschland, Israel, Südafrika, Europa und im Identitätskampf der Kulturen*, Opladen 1999, S.47-60
9.  Vgl. Hanna Yablonka, *Off the Beaten Track – The Mizrahim and the Shoah*, Tel Aviv 2008 (hebräisch)
10. Vgl. Gilbert Achcar, *The Arabs and the Holocaust. The Arab-Israeli War of Narratives*, New York 2010
11. Moshe Zuckermann, Die Persistenz von Ideologie. Anmerkungen zu Wagner, Israel und den Wonnen der Ignoranz, in: *Zeitschrift für kritische Theorie*, Heft 28/29, 2009, S. 117-128
12. Na'amah Sheffi, *Der Ring der Mythen. Die Wagner-Kontroverse in Israel*, Göttingen 2002

# Rabins Ermordung

Folgendes Fragment erschien im Jahre 2007 in meinem Aphorismenband »Zeit der Lemminge«.[1]

*Walter Benjamin hat den Engel der Geschichte mit einer allzu gewichtigen Mission beauftragt: die unter den sich bis zum Himmel türmenden Zivilisationstrümmern begrabene menschliche Katastrophengeschichte in all ihren Details zu »erinnern«. Warum nicht mit einer bescheideneren Mission beginnen? Sich beispielsweise auf die Geschichte des Andenkens an die Ermordung des israelischen Premierministers Jitzchak Rabin im Jahre 1995 konzentrieren und prüfen, was geschah*

- *mit den manipulierenden Rabbinern und hetzenden Politikern;*
- *mit den pathoserfüllten Gelöbnissen, »nicht zu vergessen«, die sehr bald zu einem »nationalen Versöhnungspostulat« geronnen;*
- *mit der friedensbeseelten Generation, die nach und nach evaporierte, bis sie endgültig im Verstörungsnebel der zionistischen Linken verschwand;*
- *mit dem Versprechen, »Rabins Vermächtnis« (was immer es gewesen sein mag) zu wahren, ein Versprechen, das sich in der Wahl eines neuen israelischen Premierministers nach der Mordtat verwirklichte, und zwar mit dem Sieg eines der größten Demagogen der israelischen Politik, der seinen eigenen indirekten Beitrag zum politischen Mord geleistet hatte;*
- *mit der Wut über das nationalreligiöse Judentum, aus dessen Mitte das Unwesen erwachsen war, einer Wut, die bald genug freudigst wider die gegen das nationalreligiöse Judentum und seine fanatischen Siedlerschwärme »hetzende Linke« umkanalisiert wurde;*

- *mit der sich nach und nach verfestigenden Gewissheit, dass hier von randstän-digem politischem »Unkraut« mitnichten die Rede sein kann, sondern von einem schweigenden Einvernehmen unter vielen in der israelischen Bevölkerung und im politischen Establishment, die eine heuchlerische Leid- und Trauermiene aufsetzen, dabei aber ein zunehmendes Verständnis für die Motivationen des Mörders aufbringen, weil der Ermordete »zu schnell« vorgegangen sei und in letzter Rechnung – bei allem »Bedauern« über seine Ermordung – halt doch den Zionismus »verraten« habe;*

*im Grunde – mit dem Andenken selbst, welches für den Gegenstand der Erinnerung keinen ernsthafteren Ausdruck zu finden vermag als eine Reihe von selbstgefällig klugscheißernden Variationen über einen (vom bewegten US-amerikanischen Prä-sidenten geprägten) Aufkleberslogan (»Schalom, chawer« – »Schalom, Freund«), der noch in den Tagen der offiziellen Trauer nach dem Mord große Popularität gewann.*

*Und wenn sich eines Tages die provokante Prophezeiung des Mörders verwirklichen und er tatsächlich zum »nationalen Helden« avancieren wird, wird sich auch der Engel der Geschichte fragen lassen müssen, welchen Sinn die Wahrung von histori-schem Gedächtnis haben soll, wenn es nicht einmal das Bewusstsein vom elementaren Verhältnis zwischen Mörder und Ermordetem zu wahren vermag, geschweige denn die Erinnerung an die Motivationen, die jenem politischen Mord unterlagen – und an den Grund seines Erfolgs.*

Der Aphorismus sei hier im Hinblick auf seinen psychoanalytischen Gehalt dargelegt. In den Sinn kommt unweigerlich die Kategorie des »Vatermords«, so wie er sich, spätestens seit Freuds »Totem und Tabu«, ins Kollektive übersetzen lässt: die gewalttätige Erhebung gegen die (politische) Autorität, in welcher sich ein Moment des ödipalen Konflikts reproduziert. Ein »Landesvater« wurde ermordet, wie es historisch Abraham Lincoln und John F. Kennedy bzw., als institutionalisierte Hinrichtung, Charles I. in England oder Ludwig XVI. in Frankreich[2] widerfuhr.

Zu fragen bleibt gleichwohl, worauf diejenigen gezielt haben mögen, die gleich nach der Ermordung des israelischen Premierministers davon sprachen, es erweise sich nun endlich, dass Israel halt doch eine »stinknormale« Gesellschaft sei. Eines steht fest: Was sich schlaglichtartig im terroristischen Mordakt manifestierte, waren gerade die die israelische Realität kennzeichnenden Momente des Anormalen, wie immer man das Normale in einem Zeitalter, in welchem es zumeist ideologisch heteronom vermittelt und wahrgenommen wird, definieren will. Gemeint ist dabei nicht das Selbstverständliche, nämlich die Abweisung der sich positivistisch gebärdenden, letztlich zynischen Vorstellung, das Gewalttätige dürfe als Maßstab von Normalität im Sinne des faktisch Vorherrschenden akzeptiert werden, sondern vielmehr die strukturellen Widersprüche, welche die israelische Gesellschaft von ihrem Anbeginn charakterisiert und entscheidend mitgeprägt haben. Die israelische Wirklichkeit ist weder in ihren historischen Vorbedingungen noch in ihrer sozialen Organisation und politischen Praxis als »normal« zu bewerten.

Zu fragen gilt es aber darüber hinaus, ob Rabin eine »Vaterfigur« der israelischen politischen Kultur darstellte, wie es etwa der Staatsgründer David Ben-Gurion oder der charismatische Großisrael-Ideologe Menachem Begin gewesen waren? Nun, Rabin war es in mancherlei Hinsicht, wenngleich ihm im öffentlichen Auftritt die legendäre Ausstrahlung seiner erwähnten Vorgänger fehlte. Er zählte, nicht zuletzt wegen seines attraktiven Aussehens, zu jenen bewunderten Vertretern des »Neuen Juden« an der Schwelle zur Staatsgründung, war mithin der erste dieser Generation, der die alte Garde aus der prästaatlichen Ära beerbte. Er galt als glorreicher General, »Sieger« im Sechs-Tage-Krieg von 1967 und »Befreier« von Jerusalem. Vor allem aber – und abgesehen vom schieren »Amtscharisma« – profilierte sich Rabin zu Beginn der 1990er-Jahre als mutiger Führer einer für einen Großteil der jüdisch-israelischen Bevölkerung im Hinblick auf ihre praktische Umsetzbarkeit befremdlichen, ja nahezu unverdaulichen politischen Idee: die des Friedens, den er mit Palästinenserführer Jassir Arafat zu erlangen gedachte. Man möchte meinen, dass er sich genau in dieser seiner (fast) einsamen Eigenwilligkeit, angefeindet und geschmäht von sehr vielen in dem von ihm regierten Kollektiv (wenn man will: als Verhinderer der Verwirklichung ihrer ideologischen Bedürfnisse) als Vaterautorität erwies.

Aber der in diesem Band vertretene Zugang begnügt sich ja nicht mit derlei Analogien zur Vorstellung einer archaischen Urherden-Situation, sondern begreift die gewalttätige Erhebung gegen die Autorität als eine in Wertesystemen und Ideologien sich manifestierende psychische Regung, die zwar Atavistisches reproduziert, zugleich aber Aktuelles belangt und verarbeitet. So besehen muss man sich fragen, was genau es war, was mit dem an Rabin begangenen »Vatermord« eliminiert werden sollte. Die Frage lässt sich trivial beantworten: Die Gegner von Rabins Friedenpolitik wollten die befürchteten Folgen dieser Politik verhindern, also töteten sie

deren Urheber. Von »sie« ist dabei die Rede, weil der Mörder zwar
ein Einzelmensch war, aber die gegen Rabin gerichtete Polithetze
jener Tage von einem großen Kollektiv ausging, nicht zuletzt von
Protagonisten der politischen Klasse, die späterhin Rabin in seinem
Amt beerben sollten. Etwa der heutige Premierminister Israels
Benjamin Netanjahu.

Es sei hier eine über das Offensichtliche hinausgehende Deutung
angeboten. Hierfür muss man sich in Erinnerung rufen, dass Rabin
in den Wochen vor dem Attentat als »Verräter des Zionismus« und –
was in religiösem Verständnis noch schlimmer ist – als »*mosser*«, was
»Auslieferer« bedeutet und im orthodoxen Judentum die Auslie-
ferung eines Juden an Nichtjuden meint, attackiert und verflucht
wurde. Gewissen halachischen Interpretationen zufolge darf (und
soll) der »*mosser*« getötet werden, um zu verhindern, dass er den
verräterischen Akt (an Juden) vollführt. Einen entsprechenden rab-
binischen Schiedsspruch gegen Rabin hat es in der Tat gegeben. So
besehen galt Rabins Ermordung der Verhinderung eines politischen
Prozesses, der zum »Verrat am Zionismus« hätte führen können.
Worin bestand dieser Verrat? In der möglichen Rückgabe von 1967
eroberten Territorien, die von nationalreligiösen Siedlern als »Land
der Urväter«, mithin als ein (religiös betrachtet) unverhandelbarer
jüdischer Nationalbesitz angesehen werden – eine Auffassung, der
sich die säkulare Großisrael-Ideologie ohne weiteres anzuschließen
vermag. Heißt dies also, dass der personelle »Vatermord« an Rabin
begangen wurde, um einen weit mächtigeren »Übervater« vor Verrat
und Ausverkauf zu schützen: den staatstragenden Zionismus und
seine Hervorbringung, das Land Israel?

Rechtsgerichtete Kräfte – rechtsradikale zumal – sehen dies so und rechtfertigen bis zum heutigen Tag die historische Mordtat und die hetzerisch-feindliche Ausrichtung auf »alles Linke« in Israel mit ebendiesem »Argument«. Aber das eigentliche Problem des »Vatermordes« liegt woanders. Um dies zu erörtern, bedarf es einer Darlegung der geschichtlich-strukturellen Situation Israels.[3]

Seit zwei Jahrzehnten steht der Staat Israel vor einer historischen Weggabelung, die ihm die Entscheidung zwischen zwei prinzipiellen Möglichkeiten seines weiteren Weges abfordert, wobei sich ihm beide Wege – gemäß seiner übergreifenden Ideologie und des mit dieser einhergehenden konsensuellen Selbstbildes eines Großteils seiner Bevölkerung – als Unheil verheißende Optionen ausnehmen, Optionen, die in bestimmten Konstellationen dazu führen könnten, dass die Grundfeste seiner Existenz als zionistischer Staat, der er zu sein beansprucht, aufs Heftigste erschüttert werden. Israel hat sich, so besehen, in die bedrohliche Lage einer unumgehbaren geschichtlichen Wahl zwischen Skylla und Charybdis manövriert: Es muss entscheiden, aber jede der sich ihm bietenden Entscheidungen birgt zwangsläufig große Bedrohlichkeiten für sein konstitutives Selbstverständnis in sich.

Israel kann die rigorose Entscheidung treffen, sich aus den im 1967er-Krieg eroberten Gebieten des Westjordanlandes zurückzuziehen und das auf diesem Territorium über Jahrzehnte errichtete Siedlungswerk zu räumen. Zwar kann man die Auswirkungen einer solchen Entscheidung auf die israelische Gesellschaft nicht von vornherein mit hundertprozentiger Sicherheit abschätzen, und doch geht man wohl mit der Prognose nicht fehl, dass sie nicht nur einen

tiefen Riss innerhalb der jüdischen Bevölkerung des Landes verur-
sachen, sondern dass dieser Riss in bürgerkriegsähnliche Situationen
ausarten könnte, vielleicht sogar in einen echten Bürgerkrieg.

Denn es bedarf kaum mehr als eines harten, fanatisch-konse-
quenten Kerns von einigen Tausenden Siedlern in der Westbank,
welche dem israelischen Staat ohnehin ständig jegliches Recht
absprechen, die von ihnen als »gottverheißenes Land der Urväter«
begriffenen Gebiete abzugeben, messianisch getriebener Ideologen
also, die sich – vom Pathos des Glaubenssatzes »eher sterben, als dies
zuzulassen« (*jehareg u'wal ja'avor*) beseelt – in ihren Siedlungen ver-
barrikadieren und den Staat zwingen würden, sein Gewaltmonopol
gegen sie anzuwenden; es reicht hin, dass es im Verlauf einer solchen
erhitzten Konfrontation zwischen den israelischen Sicherheitskräf-
ten und den bis zum Halse bewaffneten, kampferprobten Siedlern
zu Feuergefechten mit Opfern auf beiden Seiten kommt, während
Massenmedien aus aller Welt die Tabuübertretung, dass »jüdisches
Blut durch Juden vergossen« wird, live übertragen, damit alle ideologischen Gegensätze, von denen die israelische Gesellschaft seit
Jahren gebeutelt ist, alle sozialen Muster schwelenden Misstrauens,
angestauter Kränkung und eingefräster Ressentiments, die diese
Gegensätze seit Bestehen des Staates nähren und von ihnen genährt
werden, schlagartig an die Oberfläche gespült werden, um tiefste
Klüfte zu öffnen und die Grenzen gängiger Diskurspolemik der israelischen Gesellschaft bei weitem zu überschreiten. Das besagt nicht,
dass sich ein solches Szenario notwendig ereignen *muss*, schon gar
nicht in all seinen möglichen Schreckensdimensionen. Gleichwohl ist
ein solches Szenario in den letzten Jahren ganz gewiss im Bewusstsein

der meisten, wenn nicht aller israelischen Juden zumindest aufge-
schienen; man kann davon ausgehen, dass es sich im Vorbewusstsein
eines entscheidenden Teils der jüdischen Bevölkerung Israels als
reale geschichtliche Möglichkeit eingebrannt hat. Und man mache
sich dabei nichts vor: Der von Israels ehemaligem Premierminister
Ariel Sharon im Jahr 2005 initiierte Rückzug aus dem Gazastreifen
und das Ausbleiben des von den Siedlern vor der Räumung unentwegt angedrohten »Bruderkrieges« können nicht als Präzedenzfall
für den Rückzug aus dem Westjordanland herangezogen werden.
In jeder denkbaren Hinsicht, vom Umfang der Räumung und des
mit ihr verbundenen Aufwands an logistischen Ressourcen und
einzusetzenden Militärkräften bis hin zum religiös-ideologischen
Stellenwert des Westjordanlandes in den Augen nahezu aller Sied-
ler, besonders aber ihres fanatisiert messianischen Kerns, handelt
es sich um eine Operation und ideologische Herausforderung ganz
anderer, völlig unvergleichbarer Größenordnung.

Israel kann hingegen die Entscheidung zum Rückzug aus den
besetzten Gebieten auf unabsehbare Zeit vertagen bzw. entscheiden, diese Gebiete nicht zu verlassen, mithin im Zustand perpe-
tuierter Okkupation zu verharren. Begründungen hierfür können
von verschiedenen, ja völlig konträren Seiten bezogen werden. So
sind in Israel bereits seit Jahren Stimmen zu vernehmen (als deren
kompetenteste wohl die des Politologen Meron Benvenisti gelten
darf), denen zufolge die große Masse an jüdischen Siedlern, die das
Westjordanland inzwischen in der dritten Generation bevölkern, der
riesige Umfang der für sie geschaffenen Infrastruktur, die Unsummen,
die in das koloniale Projekt investiert worden sind, und die riesigen

Ressourcen, die es über Jahrzehnte (auf Kosten anderer wirtschaftlicher, sozialer und kultureller Belange der israelischen Gesellschaft) verschlungen hat, es mittlerweile schlichtweg verunmöglicht haben, das Siedlungswerk im Rahmen einer politischen Lösung des israelisch-palästinensischen Konflikts aufzuheben; die in den besetzten Territorien geschaffenen *facta bruta* seien irreversibel geworden. Mit einem Mann wie Meron Benvenisti kommt dabei diese Einschätzung zwar von linker politischer Seite, deckt sich aber kongruent mit der oft proklamierten Absicht Sharons, des ideologischen Ziehvaters der Siedlerbewegung und tatkräftigsten politischen Förderers der jüdischen Besiedlung der Westbank und des Gazastreifens, der sich jahrzehntelang über alle parteigebundenen tagespolitischen Bedenken rabiat hinwegzusetzten und »Tatsachen im Gelände« für die strategische Verbauung einer potenziellen Rückgabe der besetzten Gebiete ministeriell (und somit staatsoffiziell) zu betreiben pflegte. Zwar hat Sharon mit dem Abzug aus dem Gazastreifen am Ende seines politischen Lebens eine beachtliche Revision der Doktrin, die sein eigentliches Lebenswerk begründet hat, vorgenommen; welche strategischen Pläne er aber für das Westjordanland hatte, wird man wohl nie erfahren.

Die Siedlungspolitik Ariel Sharons bezog ihre politische Schlagkraft zum einen aus der Großisrael-Ideologie der ehemaligen Herut- und späteren Likud-Partei, der Sharon zwar nicht entstammte, in der er aber nach und nach zur politischen Macht gelangte, zum anderen aber aus der (spätestens nach dem 1967er-Krieg) dezidiert territorial orientierten Sicherheitsdoktrin Israels, die in den Anfängen der besiedelnden Okkupationspraxis in den 1970er-Jahren das Konzept der »Sicherheitssiedlungen« propagierte. Gleichwohl korrespondierte die Gesinnung des nicht gerade religiös ausgerichteten Sharon aufs Engste mit der theologisch aufgeladenen Ideologie des nationalreligiösen Lagers, aus dem sich ein Großteil des rechten parlamentarischen wie außerparlamentarischen israelischen Radikalismus rekrutiert. In der Tat darf man in der religiösen Doktrin dieses Lagers, dem sich der Rückzug aus dem »Land der Urväter« als Gottessakrileg nachgerade verbietet, einen gewichtigen zweiten Grund für die Unterlassung (bzw. prononcierte Schmähung) der Rückgabe der besetzten Gebiete im Rahmen eines israelisch-palästinensischen Friedensabkommens sehen. Von kaum zu überschätzender Bedeutung ist dabei, dass mit der ideologischen Sanktifizierung des eroberten Bodens Religion bzw. religiöse Begründung von Außerreligiösem einen folgenreichen Einzug in die israelische politische Kultur hielt, der eine fatale Wende im eher säkular begründeten Diskurs des zionistischen Selbstverständnisses einläutete.

Unerörtert mag hier die Möglichkeit bleiben, dass Israel notfalls den sogenannten »Bevölkerungstransfer« ausüben würde, d. h. eine ethnische Säuberung, die darauf aus wäre, die Palästinenser in einem organisierten Gewaltakt aus ihrem Lebensraum im Westjordanland zu vertreiben. Die Idee dazu wurde bereits in den 1980er-Jahren vom damaligen Führer der ultrarechten Kach-Bewegung Meir Kahane in die Welt gesetzt, um späterhin in etwas »moderaterer« Form vom Vorsitzenden der Moledet-Partei, Rechavam Zeevi, verfolgt zu werden. Beide erlagen palästinensischen Attentaten. Unbeachtet mag diese Option bleiben, weil davon auszugehen ist, dass nicht nur »die Welt« einem solchen Geschehen kaum tatenlos würde zusehen können, schon gar nicht die arabischen Nachbarländer, die unweigerlich in Zugzwang mit der möglichen Folge eines mittleren regionalen Krieges geraten dürften, sondern weil sich wohl auch genügend jüdische Israelis finden würden, um sich solch faschistischem Unwesen aufs Entschiedenste zu widersetzen.

Wenn nun aber das hier lapidar hingeworfene Spektrum historischer Möglichkeiten die zentralen strukturellen Vorgaben für Israels Weg in nächster Zukunft in der Tat umfasst, lässt sich daraus ersehen, warum sich die Lage, in die Israel – mit großem Anteil an eigenem Verschulden – geraten ist, dem zionistisch gesinnten Israeli wie die horrende Wahl zwischen Skylla und Charybdis ausnehmen muss. Denn sowohl die Folgen eines nicht auf konsensueller Basis vollzogenen Rückzugs aus dem besetzten Westjordanland, mithin die real mögliche Verwirklichung der Schreckensvision eines innerisraelisch-jüdischen Bürgerkrieges (bzw. die rigide Absage ganzer Teile der jüdischen Bevölkerung Israels an eine solche, ihrer Gesinnung zuwiderlaufende Raison d'être des Staates), als auch die objektive Entstehung einer binationalen Struktur im Falle des Verharrens in der militärisch garantierten Besatzungspraxis (bzw. der willentlichen Integration der palästinensischen Gesamtbevölkerung in ein gemeinsames Staatswesen) bedeuten *das Ende des zionistischen Projekts*, wie man es historisch gekannt hat. Wohlgemerkt: Im einen Fall ist die Rede von der Angst vor dem, was noch im Ungewissen, weil geschichtlich noch nicht Erfahrenen, liegt; im zweiten handelt es sich um eine objektive Strukturentwicklung, der man sich nicht wird entziehen können. So besehen, besteht zwischen

den beiden Flügeln der Bedrohung keine volle Symmetrie – die
Sackgasse verweist denn doch auf einen möglichen Ausweg, wenn
man das Dilemma lösen, dabei aber auch den zionistischen Staat
erhalten möchte. Der Rückzug aus den besetzten Gebieten, mithin
die Zwei-Staaten-Lösung, ist in der gegenwärtigen geschichtlichen
Phase – bei allen damit einhergehenden Konflikten, Zerrissenheiten
und kollektiven Verlustängsten – unabdingbar. Seine Notwendigkeit
liegt auf der Hand. Fraglich, ob sich dafür eine genügend starke und
bewusst agierende israelische Führungsgestalt finden lässt, die dies
Notwendige rigoros zu vollziehen vermöchte. Eine, die es war, hat
ihre Mission mit dem Leben bezahlt. Aber selbst eine starke politische Führung wird sich kaum zu bewegen wagen, wenn sich die
israelische Bevölkerung dem, was zurzeit noch den allermeisten in
ihr als bedrohliche Sackgasse anmutet und in paralysierter Stagnation verharren lässt, nicht stellt, um die Herstellung der historisch
möglichen Grundlagen für ihre eigene staatliche Fortexistenz ein-
zufordern und diese zu garantieren.

Diese Einschätzungen wurden 2009 verfasst. Die Sackgasse
selbst bedarf mittlerweile der tiefer gehenden Bewertung, wie ich
sie jüngst in meiner Monographie »Israels Schicksal. Wie der Zionismus seinen Untergang betreibt« vorgenommen habe.[4] Es darf
namentlich bezweifelt werden, dass die Sackgasse unabhängig vom
Willen des Kollektivsubjekts Israel zustande gekommen ist. Rigide
gesprochen: Man kann davon ausgehen, dass Israel den Frieden nie
wirklich dezidiert angestrebt hat, sondern es stets vorgezogen hat,
seine Erlangung in der Schwebe zu belassen. Anders formuliert
ließe sich gar behaupten: unbewusst wollte Israel den Frieden nie.

Anvisiert wird hier allerdings nicht ein Unbewusstes, welches das Walten einer einzelmenschlichen Triebdynamik im Freud'schen Sinne zum Inhalt hat, sondern ein kollektives Unbewusstes, das sich als ein Uneingestandenes erweist, wobei dies Uneingestandene sich aus der Logik des Widerspruchs zwischen ideologischer Deklaration und realer Handlung, zwischen bekundeter Wertsetzung und praktizierter Unterwanderung von offiziell Angestrebtem ableitet. So besehen, handelt es sich hier um eine Vermutung, die die Strukturlogik einer historischen Aporie zu ergründen sucht, dabei aber auf eine positivistische Evidenz verzichten muss; denn das ist ja der Charakter des Ideologischen – es verdeckt in konsensuell akzeptierter Manier das, was nicht akzeptiert werden kann, weil es dem Selbstbild und der Selbstdarstellung objektiv zuwiderläuft. Dabei geht es nicht primär um eine narzisstische Kränkung (wiewohl auch sie mit eine Rolle spielt), sondern vor allem um eine historische Praxis, die sich von Anbeginn selbst (unbewusst) in Zweifel zog.[5]

Warum war (und ist) dem so? Weil der Zionismus sich der Nachhaltigkeit seines historischen Projekts nie wirklich sicher war. Dies hatte objektive Gründe, etwa die des ex negativo wirkenden Antisemitismus mit der Monstrosität der Shoah als seinem Kulminationspunkt; oder die immer wieder beschworene Sicherheitsfrage, die bei aller ideologischen Fetischisierung stets ihren realen Wahrheitskern wahrte. Aber warum vergab man bei alledem die reale Chance, die Existenz des Staates durch Frieden zu sichern? Warum verbaute man sich diese Chance im Wortsinne? Es liegt doch primär in Israels Hand, die Voraussetzungen für den Frieden herzustellen, wenn man bedenkt, dass es sich um einen *Territorial*konflikt mit den Palästinensern handelt. Die Antwort kann nur im kollektiven Unbewussten liegen: Da die Raison d'être des Zionismus und der Gründung Israels auf dem in diesem Band dargelegten doppelten Schuldmoment basiert – dem am diasporischen Judentum vollzogenen »Vatermord« und dem an den Palästinensern begangenen historischen Unrecht –, kann sich seine Tilgung nicht als seine endgültige Fixierung durch den Frieden verwirklichen, sondern bedarf der zwanghaften Wiederholung dessen, was nicht abgegolten ist und nicht abgegolten werden kann, solange man sich nicht bewusst geworden ist, was die Existenz dieses Staates (trotz all seiner Errungenschaften) umtreibt. Eine unbewusste Sühnearbeit ist am Werk, die aber zu keinem Abschluss geführt werden kann, solange das zu Sühnende nicht als solches anerkannt wird. Nicht von ungefähr trat der israelische Erziehungsminister Naftali Bennett mit dem vermeintlich selbstgewissen Slogan hervor »Wir entschuldigen uns für nichts!«, mit dem er seinen letzten Wahlkampf betrieb. Bennett ist der Führer der nationalreligiösen Siedlerpartei »Ha'bait ha'jehudi« (»Das jüdische Haus«). Er hat recht – die fällige Entschuldigung würde bedeuten, dass man den geschichtlichen »Vatermord« anerkannt, mithin ihn kollektiv-psychisch überwunden haben würde. Dazu ist Bennett unfähig. Dazu ist der Staat Israel unfähig. Dazu ist der Zionismus insgesamt unfähig.

Dies verweist auf die eigentliche Bedeutung des an Jitzchak Rabin begangenen »Vatermords«. Mit seiner Ermordung sollte die Konfrontation mit der möglichen Tilgung dessen, was sich als historische Schuld im kollektiven Unbewussten erhält, verhindert werden. »Zu früh wollte er erreichen, was noch nicht an der Zeit war«, hieß es bei vielen, die fürs Attentat Verständnis aufbringen zu sollen meinten: »Er war dabei, den Zionismus zu verraten«. Man hatte recht: Zu früh war es, da man die unabdingbare Aufarbeitung dessen, was es zu überwinden gilt, gar nicht begonnen hatte. Zu früh war es, weil der Zwang, das unverarbeitete »vatermörderische« Schuldmoment zu wiederholen, wirkmächtiger war als alles, was die Befreiung von ihm hätte fördern können. Es war die Wiederkehr eines Verdrängten, die aber schleunigst wieder verdrängt werden musste. Es war die Ahnung davon, dass die Überwindung der historischen Schuld unweigerlich mit der Überwindung des schuldbeladenen Zionismus einhergehen wird. Rabin, der Zionist, hat diese Ahnung personifiziert. Seine Liquidierung lag daher im Interesse einer kollektiv-unbewussten Regression. Der »Vatermord« meinte, so besehen, die Perpetuierung des historischen, im zionistischen Unbewussten perennierenden Vatermords.

## Anmerkungen

1.  Moshe Zuckermann, *Zeit der Lemminge*, Wien 2007, S.110f.
2.  Vgl. hierzu: Moshe Zuckermann, *Das Trauma des »Königsmordes«. Französische Revolution und deutsche Geschichtsschreibung im Vormärz*, Frankfurt/Main 1989
3.  Die folgenden Darlegungen basieren auf dem Kapitel »Sackgasse«, in: Moshe Zuckermann, *Sechzig Jahre Israel. Die Genesis einer politischen Krise des Zionismus*, Bonn 2009, S.12ff.
4.  Moshe Zuckermann, *Israels Schicksal. Wie der Zionismus seinen Untergang betreibt*, Wien 2014. Vgl. besonders das Kapitel »Vom Willen«, S.191ff.
5.  *Ebd.*, S.192f.

# Epilog

# Schlusswort

Man kann sich der in diesem Band versammelten Darlegungen und
Einsichten leicht entledigen, indem man sie wissenschaftsgeschicht-
lich wie erkenntnistheoretisch als Spekulationen abwinkt, die sich
empirisch-faktisch nicht nach-, geschweige denn beweisen lassen.
Der wissenschaftliche wie philosophische Positivismus verstand
es schon immer, seine eigenen (mitnichten minder spekulativen)
immanenten Voraussetzungen zum Maßstab der Verurteilung all
dessen, was ihm zuwider steht, zu erheben. Indem er sich zudem
auf das konsensuell beschworene Wissenschaftsbild der Naturwis-
senschaften berief, durfte er alles, was außerhalb seines eigenen
Wissenschaftsparadigmas stand, als unwissenschaftlich aburteilen.
Davon waren selbst die Gründungsväter der Sozialwissenschaften
nicht frei; man bedenke, dass selbst Auguste Comte die von ihm als
»Soziologie« in die Welt gerufene Disziplin der Gesellschaftserfor-
schung als »physique sociale« definieren zu sollen meinte. Und noch
im 20. Jahrhundert umtrieb dieses Problem prominente Denker und
Forscher der Sozialwissenschaften.[1]

Der Vorwurf kann freilich seinerseits leicht konterkariert werden. Mit einigem Charme (und Süffisanz) tat es Freud selbst, als
er die Kritik an seinem (in der Tat kontrovers rezipierten) Buch
»Totem und Tabu« mit folgendem Kommentar begegnete: »Im
Jahre 1912 habe ich die Vermutung von Charles Darwin aufgenom-
men, daß die Urform der menschlichen Gesellschaft die von einem
starken Männchen unumschränkt beherrschte Horde war. Ich habe

darzulegen versucht, daß die Schicksale dieser Horde unzerstörbare Spuren in der menschlichen Erbgeschichte hinterlassen haben, speziell, daß die Entwicklung des Totemismus, der die Anfänge von Religion, Sittlichkeit und sozialer Gliederung in sich faßt, mit der gewaltsamen Tötung des Oberhauptes und der Umwandlung der Vaterhorde in eine Brüdergemeinde zusammenhängt. Es ist dies zwar nur eine Hypothese wie so viele andere, mit denen die Prähistoriker das Dunkel der Urzeit aufzuhellen versuchen – eine ›just-so story‹ nannte sie witzig ein nicht unliebenswürdiger englischer Kritiker –, aber ich meine, es ist ehrenvoll für eine solche Hypothese, wenn sie sich geeignet zeigt, Zusammenhang und Verständnis auf immer neuen Gebieten zu schaffen. Die menschlichen Massen zeigen uns wiederum das vertraute Bild des überstarken Einzelnen inmitten einer Schar von gleichen Genossen, das auch in unserer Vorstellung von der Urhorde enthalten ist. Die Psychologie dieser Masse, wie wir sie aus den oft erwähnten Beschreibungen kennen – der Schwund der bewußten Einzelpersönlichkeit, die Orientierung von Gedanken und Gefühlen nach gleichen Richtungen, die Vorherrschaft der Affektivität und des unbewußten Seelischen, die Tendenz zur unverzüglichen Ausführung auftauchender Absichten –, das alles entspricht einem Zustand von Regression zu einer primitiven Seelentätigkeit, wie man sie gerade der Urhorde zuschreiben möchte«.[2]

Es muss indes hier von etwas ganz Anderem ausgegangen werden: Denn wenn man Freuds Diktum, demzufolge »das Ich nicht Herr im eigenen Haus« sei[3] – und wer vermöchte dies schon grundsätzlich in Abrede zu stellen? –, ernst nimmt, dann muss man davon ausgehen, dass es Freud zwar um die rationale Durchdringung von

Irrationalem in seinem Werk zu tun war, zugleich aber auch, dass es der Durchdringung selbst der Kategorien des dem common sense nicht leicht Zugänglichen bedarf, um eine kommunizierbare Durchdringung erst eigentlich vollziehen zu können. Im Auge behalten sollte man dabei, dass Hypothesen, Grundannahmen und spekulative Voraussetzungen mitnichten nur das fachspezifische Schicksal der positivistisch abgeschmetterten Wissensbereiche ist.

Ist es, so besehen, angängig, Koordinaten der zionistischen Ideologie wie der politischen Kultur Israels mit psychoanalytischen Kategorien anzuvisieren (wie hier als Fallbeispiel vorgenommen)? Die Antwort darauf hängt ganz davon ab, was man bei der Erörterung dieser politischen Kultur und ihren ideologischen Koordinaten anstrebt. Es kann dabei um schlichte Darstellung von Strukturen und Abläufen gehen; es mag sich dabei um historische Apologie oder substanzielle Ideologiekritik handeln. Eine andere Frage erhebt sich allerdings, wenn man ergründen will, was hier als die israelisch-zionistische »Sackgasse« apostrophiert wurde, umso mehr, als angezeigt wurde, dass mit dieser »Sackgasse« dem Staat Israel als historisch-zionistischem Projekt der Untergang droht, und zwar ein mit eigenem Verschulden generierter Untergang. Eine solche zum Ausgangspunkt genommene Diagnose bedarf zu ihrer Ergründung der Freilegung von verborgenen Motivationen und verdeckten Antrieben. Diese müssen sich zwar deutlich in Strukturen, Tathandlungen und ideologischen Artikulationen manifestieren, aber es sind eben diese Manifestationen, die der Deutung bedürfen, einer Deutung, die zwangsläufig über das sich positiv Manifestierende hinausgeht bzw. dem positiv Sichtbaren zugrunde liegt, sich mithin hinter ihm verbirgt. Wohl wahr, als Vermutungen, gar Ahnungen kann derlei abgeschmettert werden, als Spekulationen, die in der Wissenschaft nichts zu suchen haben. Zu fragen bleibt gleichwohl, inwieweit sich diese Spekulation von jeder anderen im Bereich der Geistes-, Sozial- und Kulturwissenschaften unterscheide. Es ist ja nicht so, dass die Psychoanalyse bzw. die freudomarxistische Ge-sellschaftsanalyse eines theoretisch wie begrifflich ausgearbeiteten und entfalteten Paradigmas entbehrten. Es geht lediglich darum, ob dieses Paradigma angenommen wird oder nicht bzw. wie sachlich triftig die Annahme oder Ablehnung des Paradigmas sich äußert.

Ob in diesem Band eine Neubelebung des freudomarxistischen Paradigmas mit seiner Anwendung auf die Analyse des Fallbeispiels »Israel« versucht wurde oder primär doch die Erörterung dessen, was sich historisch zunehmend als ein wirkmächtiges israelisches Dilemma mit tragischen Folgen herausstellt, unter bewusster Ver-wendung freudomarxistischer Kategorien – das zu entscheiden, sei dem geneigten Leser überlassen. Der vom Verfasser dieses Bandes verfolgten Intention zufolge ist die eine Möglichkeit nicht von der anderen zu trennen.

## Anmerkungen

1.  Theodor W. Adorno u. a., *Der Positivismusstreit in der deutschen Soziologie*, Neuwied-Berlin 1976
2.  Sigmund Freud, Massenpsychologie und Ich-Analyse, in: *Studienausgabe*, Bd.IX, Frankfurt/Main 1982, S.114
3.  Sigmund Freud, Eine Schwierigkeit der Psychoanalyse, in: *Gesammelte Werke*, Bd.12, Frankfurt/Main 1947, S.11

# Nachtrag

In meinem 2014 im Promedia Verlag veröffentlichten Buch „Israels
Schicksal. Wie der Zionismus seinen Untergang betreibt" vertrat ich
die These, dass Israel nach nunmehr über hundertjähriger Geschichte
des Zionismus nicht zum Frieden gelangt sei, weil es den Frieden
nie wirklich gewollte habe, und dass es den Frieden nie emphatisch
gewollt habe, weil der Zionismus zu keiner Zeit seines Bestehens
sich seines eigenen historischen Projekts bzw. dessen geschichtlicher
Nachhaltigkeit gewiss war. Fraglich, was dabei Ursache und was
Wirkung gewesen ist – ob man also nicht wollte, weil man sich nicht
sicher war, oder man sich nicht sicher war, weil man nicht wirklich
wollte. Hervorgehoben sei stattdessen, dass sich in der politischen
Stagnation (oder gar Paralyse) hinsichtlich der Friedensemphase
jenes Moment der kollektiven Ambivalenz niedergeschlagen haben
mag, von dem Freud in „Totem und Tabu" als Antrieb *und* Wirkung
eines sich zivilisatorisch reproduzierenden Grundmusters infolge
des „Urvatermords" ausgeht. Von selbst versteht sich, wie schon zu
Beginn des vorliegenden Bandes dargelegt, dass sich solche Thesen
nicht einfach, schon gar nicht kurzschlüssig positivistisch belegen
lassen.

Und doch bedarf es einer Erklärung, warum Israel konsistent eine
Politik betreibt, die historisch real gewordene Friedensmöglichkeiten
untergräbt; warum Israels Bürgerinnen und Bürger immer wieder
Parteien wählen, die dezidiert friedenunwillige Koalitionen bilden;
warum man sich kollektiv als „Opfer" wähnt, wo man selbst einer

Politik der aggressiven Machtausübung und repressiven Herrschaft
frönt; vor allem aber, warum man konsequent eine politische Wirklichkeit generiert und „demokratisch" absegnet, die zwangsläufig
zum Untergang des historisch gewollten und entsprechend diesem
Selbstverständnis zionistisch errichteten und entwickelten Staat
führen muss.

Diese Fragestellung hat sich in den seit besagter Buchveröffentli-
chung vergangenen beiden Jahren nur noch gefestigt und verschärft.
Denn nicht nur regiert zur Zeit der Niederschrift dieser Zeilen die
rechteste bzw. rechtsradikalste Koalition der gesamten israelischen
Parlamentsgeschichte; nicht nur sprach kein anderer als der ehemalige israelische Verteidigungsminister und Ministerpräsident
Ehud Barak jüngst von „Blüten des Faschismus", die Israels Politik
infiltriert hätten; nicht nur wird jegliche kritische Regung gegen
diese Zustände von Regierungsseite und in den sozialen Netzwerken
verleumdet, hetzerisch niedergemacht und gegebenenfalls verfolgt,
sondern es ist weit und breit auch keine Alternative in Sicht. Die
parlamentarische Opposition ist entweder zur lächerlichen Belang-
losigkeit verkümmert oder wird mit allen Mitteln der Demagogie
delegitimiert; außerparlamentarische Gruppen und Bewegungen,
soweit es sie überhaupt noch gibt, sind – konsensuell akzeptiert – zur
wirkungslosen Randständigkeit verurteilt. Vor allem aber scheint es,
als sei der regierende Premierminister, dem es um nichts mehr geht,
als um seinen Macht- und Herrschaftserhalt, unabwählbar. Nicht
einmal sonderlich beliebt, gar der Korruption und der Verlogen-
heit beschuldigt, und ohne seine Wahlversprechen im Bereich der
Wirtschaft und der Sicherheit seiner Bürger eingehalten zu haben,

thront er wie ein feudaler Herrscher mit guter Aussicht, neben Ben-Gurion der am längsten amtierende Premier der israelischen Geschichte zu werden.

Benjamin Netanjahus Person wird in letzter Zeit von der israelischen Publizistik psychologisch analysiert und journalistisch seziert. Er kompensiere die seinem Vater widerfahrene Kränkung, als Historiker mit rechter und chauvinistischer Weltanschauung vom akademischen Establishment ausgegrenzt, gar verstoßen worden zu sein; er stünde im Schatten seines als Held gefeierten, in der Entebbe-Operation gefallenen Bruders Yonatan bzw. mache sich dessen Aura und Renommee zu eigen; auch vom übermächtigen Einfluss, den seine Frau auf ihn im Bereich der politischen Praxis ausübt, ist viel die Rede, wie denn von seiner Entscheidungsschwäche und Unentschlossenheit, von seinem krankhaften Misstrauen seinen Kollegen gegenüber, welches zum paranoiden Gefühl politischen Verfolgtseins gerinnt.

Diese Betrachtungen mögen ihren wahren Kern haben, sind aber irrelevant für den hier erörterten Zusammenhang. Denn nicht um Netanjahus Psyche geht es, sondern darum, was sich in seiner Haltung, seinem Gebaren und seiner politischen Ausrichtung kollektiv niedergeschlagen hat bzw. wofür er Symptom ist in Israels politischer Kultur.

So besehen artikuliert sich in Netanjahus Dominanz und der sich als Folge dieser Dominanz ergebenden Konstellation einer konsistenten Untergrabung der Staatsräson Israels, welche der klassische Zionismus zum Ideal seines Selbstbildes erhoben hatte, ein Moment der Selbstaufhebung. Bei diesem Moment gilt es aber zu klären, ob es sich nur um das vorübergehende Erzeugnis einer persönlich verfolgten, perfiden Macht- und Herrschaftspolitik handelt oder doch um die Manifestation besagten historischen Musters, in welchem sich das Unbewusste der israelischen politischen Kultur stetig reproduziert und nun – als politische Sackgasse – zum Vorschein kommt. Gewiss, Israel agiert nicht im luftleeren Raum; es hat reale Feinde, ist strukturellen Zwängen ausgesetzt, muss sich mithin in geopolitischen Kontexten bewegen, welche es nur beschränkt beherrschen kann. All dies, von Israels ideologischer Propaganda seit jeher hochgehalten, reicht indes nicht aus, um die „suizidale" Dimension im politischen Handeln des Kollektivsubjekts Israel zu erfassen. Diese muss in Israel selbst gesucht werden, und darum ging es in den Israel betreffenden Kapiteln des vorliegenden Buches.

Denn wenn die objektiv nachweisbare Ausweglosigkeit einer politischen Ausrichtung zur unverrückbaren Grundlage ihrer Praxis erhoben wird bzw. sich über alle ideologische (Ver)blendung hinaus als solche erweist, dann muss die Logik der Entscheidung fürs Ausweglose begriffen werden. Und diese liegt im Fall Israels im Unvermögen, sich vom Bann des Diasporischen zu lösen, vom Bann dessen also, was man einst mit der Emphase des Zionismus ausgezogen war, „vatermörderisch" zu überwinden. Nicht zuletzt daraus erklärt sich die Rückkehr zur Religion, welche nicht nur die Mentalität breiter Teile der israelischen Gesellschaft durchwirkt, sondern auch zum gravierenden Faktor der israelischen Politik geronnen ist – erstaunlich, wenn man das säkulare Selbstverständnis des Zionismus in seinen Anfängen bedenkt. Oder etwa doch nicht so erstaunlich? Denn in der Religion wird „wiederbelebt", was man am halachischen Stetl-Judentum zu negieren trachtete, woraus sich auch der in Israel grassierende Hass gegen die jüdische Orthodoxie erklärt – nicht nur, weil deren Lebenswelten und -haltung denen des säkular sich wähnenden Zionismus als a- bzw. antizionistische diametral entgegenstehen, sondern weil sie durch ihr schieres Dasein im zionistischen Staat gleichsam ein ständiges plastisches Mahnbild an das an ihnen historisch „Verbrochene" abgeben. Orthodoxe Juden in Jerusalems Stadtviertel Mea Shearim erinnern fatal an die Großeltern und Urgroßeltern vieler aschkenasischer Juden im heutigen Israel. Am Holocaust-Gedenktag wird ihrer gedacht. Im profanen Alltag werden ihre Ebenbilder gehasst.

Damit eng verbunden: die Rückkehr in das „Land der Urväter". Merkwürdig genug, denn gerade in diesem Akt der „Wiederbelebung" der Urväter, also der Okkupation des Westjordanlandes und dessen Besiedlung, manifestiert sich die historische Sackgasse, in welche sich der Zionismus hineinmanövriert hat, ohne sich aus dieser befreien zu können (zu wollen?), besiegelt sich mithin das Schicksal Israels als Prozess der Eliminierung der eigenen (zionistischen) Räson. Es fasziniert und entsetzt zugleich, mit welch verblendeter Rhetorik, die Gewissheit der „Ewigkeit Israels" („nezach Israel") irrational zelebriert wird. In dieser versteinerten „Gewissheit" bildet sich die eigentliche Ungewissheit ab, die den Zionismus von Anbeginn hinsichtlich der geschichtlichen Nachhaltigkeit seines nationalen Projekts umtrieben hat. So wie man selbst noch nach dem Holocaust am Pessach-Abend singt: „In jeder Generation stehen sie gegen uns auf, um uns zu vernichten. Doch der Heilige, gelobt sei Er, hat uns aus ihrer Hand errettet", so wird die „Ewigkeit Israels"

als Selbstvergewisserung für bare politische Münze ausgegeben,
ohne sich die geringste Rechenschaft darüber abzulegen, dass sich
gerade in diesem infantilen Omnipotenz-Slogan das Grauen vor der
selbst erschaffenen historischen Selbstauflösung sedimentiert hat.

Doch lassen sich gewichtige historische Prozesse und komplexe
Strukturprobleme mit solchem Begriffsarsenal analysieren und klären? Wird dadurch Heterogenes nicht reduziert und eindimensional
gemacht? Eine mehr als berechtigte Frage. Es muss daher stets hervorgehoben werden, dass die Dimension des Kollektivpsychischen
nicht gesondert betrachtet werden kann vom materiellen Kontext
ihrer Manifestationen, von den empirisch nachweisbaren sozialen
Faktoren, wie sie sich geschichtlich generiert und als gesellschaftliche Praxis etabliert haben, mithin von den ebendiese Praxis mit-
bestimmenden ideologischen Formationen samt deren politischen
Gebilden. Das, was gängigerweise in den Sozial-, Kultur- und Geis-
teswissenschaften geforscht und an Erkenntnissen gewonnen wird,
soll nicht durch die Psychoanalyse ersetzt werden. Aber insofern sie
den Betrachter vor historische und politische Rätseln stellen, dürfen
nicht nur, sondern müssen zusätzliche Klärungsansätze zugelassen
werden, selbst dann, wenn sie disziplinäre Konventionen und die
fachlichen Grenzen sprengen. So ist etwa Ideologie etwas Anderes,
wenn sie nicht mehr als bloßes Problem des falschen Bewusstseins,
mithin als Problem der rational-kognitiven Ebene anvisiert wird,
sondern die psychische Dimension ihrer Aufladung mitbedacht
wird. Ideologie betrachtet also auch als ein Resultat psychischer
Bedürfnisse bzw. des Umschlags psychischer Bedürfnisse in ein
kollektiv relevantes Wertesystem oder gar in eine Weltanschauung.

Die Denker der Frankfurter Schule haben in der Kategorie des autoritären Charakters die historisch-soziale Auswirkung einer solchen Vermengung gefunden. Ist sie heute noch relevant? In vielerlei Hinsicht, wenn auch in einigem modifiziert, mehr denn je. Ganz gewiss als ein gewichtiger Faktor der Bewältigung von Angst und als Verblendungsmatrix der Abwehr in der politischen Kultur Israels. Erklärt ist damit noch bei weitem nicht alles, was diese Kultur an Widersprüchen und Aporien hervorgebracht hat. Vieles aber eben doch. Tröstlich ist dies freilich nicht. Dass man weiß, wie es zum bedenklichen Abdriften der israelischen Politkultur in eine national-chauvinistische Ausrichtungs- und Handlungspraxis, ja zur zunehmenden Faschisierung der israelischen Gesellschaft gekommen ist, bedeutet leider nicht, dass damit eine emanzipative Abhilfe geschaffen wäre. Aber die Mahnung, dass eine solche für die Zukunft Israels unabdingbar ist, allemal.

# Das Politische und Freud

*von Nimrod Reitman*

Gegen Ende von »Das Unbehagen in der Kultur«, einer seiner herausforderndsten und kontrovers rezipierten Schriften, erteilt Sigmund Freud gleichsam einen Leseauftrag: »Es mag eine verlockende Aufgabe für einen Kenner menschlicher Kulturen sein, diese Gleichstellung ins einzelne zu verfolgen.«[1] Wie hat man die verlockende Aufgabe zu verstehen? Denn Freud selbst ist »verlockt«, zugleich aber auch bestrebt, jemand anderen zum Vollzug dieser Aufgabe zu verlocken, was eine direkte und doch unberechenbare Aufforderung an den Leser darstellt. Eine von Ungewissheit angefüllte Aufgabe, zur Gleichstellung tendierend, die in Freud in der Tat ein starkes Gefühl des Unbehagens bzw. des Unglücks, wie er es ursprünglich nannte, hervorrief. Freud empfand dieses Unbehagen sogar bei der Betitelung des Buches; als er die angemessene Übersetzung von »Unbehagen« angab, legte er sich auf *Man's Discomfort in Civilization* fest.[2]

Der komplizierte Titel des komplexen Textes deutet den der Psychoanalyse eignen Widerstand gegen Politik, mithin gegen den Bezug und die Hingezogenheit zu ihr. Im Gegensatz zur scheinbaren Trennung zwischen Politik und Psychoanalyse war Verführung stets ein Teil des Werkzeugkastens von beiden. Freud war immer zur Unterweisung seiner Lehre verführt und verlockte andere dazu – von Dora über den Rattenmann bis hin zu seinen Kollegen. Etwas in der Struktur der Freud'schen Verlockung und seiner verführerischen Aura lässt das Verhältnis zwischen Politik und Psychoanalyse dermaßen explizit werden, dass es sein Verhältnis zur Wahrheit, zur Faktizität und zur Zensur beeinflusst – beide sind Teil sowohl des politischen als auch des psychoanalytischen Über-Ichs, was nicht selten eins und dasselbe sein mag.[3]

Die Psychoanalyse befasste sich oft mit verzerrten Fakten, schwerst zensiert durch das Urteil des Patienten, zuweilen gar durch das Urteil eines Richters (Daniel Paul Schreber, Freuds erster paranoider Patient), und durch das leidige Verhältnis zur Autorität bzw. deren Wahrhaftigkeit – ja, das wissen wir; es ist Teil des Metiers. Es will jedoch scheinen, als gebe Freud in diesem Text, möglicherweise nicht unbeabsichtigt, ein eigenes Rätsel auf: Wer ist besagter »Kenner«? Was ist diese »Gleichstellung«? Und was würde einen kompetenten »Kenner menschlicher Kulturen« ausmachen? Denn Freuds Text erschüttert ja aufs äußerste jegliche Auffassung von »Kultur« und lässt einen gewiss ins Stammeln geraten, wenn man an den »Anthropos« bzw. an den post-humanen Menschen denkt. Sich der Schwäche von Analogien bewusst, war es Freud darum zu tun, das Problematische am »Unbehagen« anzuzeigen – es handelt sich um eine apophantische Struktur, die eine den Text bestimmende, verzerrte, gleichwohl notwendige Logik herausliest. Auf der Grundlage der Analogisierung der Struktur der Psyche und der Gesellschaft erforscht Freud die Wechselbeziehung von Zerstörung, Aggression, Frustration und Schuld. Ähnlich wie die Wiener Analytikerin Melanie Klein (1882–1960), die die psychoanalytischen Korridore von Schuld und Zerstörung durchlief, sieht auch Freud

Schuld sowohl als strukturelle als auch kulturelle psychoanalytische Grenze an. Während Klein indes bemüht war, Schuld und Neid zu mindern, um den Antrieb zur Wiedergutmachung zu fördern, fällt Freuds Beobachtung düsterer aus. Wiedergutmachung (Reparation) mag eine jener Strukturen sein, die Kultur im Jahre 1929 vergessen hat. Trotz – oder vielleicht gerade wegen – dieses Vergessens macht Freud weiter.

Analogien, darauf weist er hin, sind schwach, sie neigen dazu, falsche Hoffnungen zu erwecken, ähnlich wie die gängigen Versprechen der Politik, ähnlich wie falsches Bewusstsein; aber wie immer prekär sich die Analogie ausnimmt, Freud lässt nicht von ihr los. Im Bereich der Rhetorik waren Analogien immer schon problematisch, da sie gerade die aporetische Struktur, die sie zu verbergen suchen, offenlegen, bzw. das Unterschiedliche, das Ähnliche und das Andersartige gerade verdecken. Es handelt sich dabei nicht nur um ästhetische Erwägungen, da sie auch eine ethische Dimension implizieren, deren sich Freud bewusst war. Derrida, der Flugbahn Freuds und Nietzsches folgend, wird das Problematische der Analogie in Begriffen ihrer Verschwisterung mit den »Zielen des Menschen« aufmerken – etwas, das Freud hier anmahnt. Für alle drei, Nietzsche, Freud wie Derrida, implizierten Analogien stets den Einsturz des Verhältnisses zwischen dem Selben und dem Andern; sie machen eine fortlaufende Asymmetrie aus.[4] Diese Art der asymmetrisch entstellten Analogie beherrscht die Struktur, die Freud in den 1930er-Jahren politischen Konstellationen zuschreibt. Am Scheitelpunkt der wilden 1930er- und tragischen 1940er-Jahre spricht Freud jene an, die normalerweise nicht seinen Lesern zu-

zuzählen sind – es wäre an der Zeit, dass Machtmenschen dem zuhörten, was er zu sagen hat. Es ist verlockend, Freuds *Unbehagen* Weitsicht zuzuschreiben.

Freud indes, sich des Schicksals von Urvätern und anderen prophetischen Würdenträgern bewusst, widerstand einer solchen Zuschreibung: »So sinkt mir der Mut, vor meinen Mitmenschen als Prophet aufzustehen, und ich beuge mich ihrem Vorwurf, daß ich ihnen keinen Trost zu bringen weiß.«[5] Freuds anscheinende Mutlosigkeit hindert ihn gleichwohl nicht daran, den maßlosen Trost, den Hoffnung spenden mag, zu desillusionieren. Seine Mutlosigkeit bzw. sein gesunkener Mut darf man als die politische Rolle begreifen, die bereits Hölderlin dem Dichter in entscheidenden Momenten der Gefahr zugeschrieben hatte. Hölderlin hätte Freuds Mutlosigkeit als einsamer Dichtermut im Angesicht der Katastrophe gegolten. Immer einsam.

Politisches Engagement war nicht Teil von Freuds wissenschaftlicher Arbeit, aber er reagierte auf politische Ereignisse, zuweilen sah er sich dazu vom Zeitgeist gezwungen, wobei er voraussah, was sich bald genug dem verfinsterten Blick aller zeigen sollte. In gewissem Sinne wurden die Jahre 1929 und 1931 für Freud zur »dürftigen Zeit«. So besehen, mag die scheinbare Rechtfertigung und vorsichtige Einschätzung der Gleichstellung von Kultur und dem repressiven Über-Ich in *Das Unbehagen* ein rhetorischer Kniff sein, gleichwohl enthält er mehr als nur Rhetorik: Freud wird 1931 zu seinem Text zurückkehren und eine finstere Koda hinzufügen, die alle Analogien von Grund auf erschüttern wird.[6] Für Freud mag dies ein höchst politischer Moment sein. Wohl wahr, sein Werk ist dem Einfluss der

Politik in jenem Maße ausgesetzt, in dem sich die Psychoanalyse in inner- und außerpolitischen Kämpfen findet.[7] 1929 und 1931 stellten konstitutive Momente in der verheerenden Geschichte unserer Zeit dar. Freud war sich dessen bewusst; in diesen Jahren verwandelte sich seine Beschäftigung mit der Politik zu einem starken Investment in das Politische.[8]

Das in Freuds Text sedimentierte Gefühl der Dringlichkeit, nach welchem sich ein offenkundigeres politisches Engagement in der Form seiner Moses-Monographie, in seinen Kommentaren zum Antisemitismus und seiner Korrespondenz mit Albert Einstein (»Warum Krieg?«) kundtat, lässt sich weit im Wesen des analytischen Werks zurückverfolgen wie auch in Strukturen, die in Bezug auf Freuds Scharfsinn nie erörtert worden sind: die Familie, der Urvater, die Fiktion der Vaterschaft sowie innere und äußere Strukturen der Autorität.

Freuds offensichtlichste Beschäftigung mit dem Politischen, zuweilen gar auf nicht- bzw. posthumanem Resonanzboden, manifestiert sich, wenn er den Ödipuskomplex als ein Strukturelement in der Entwicklung von Gesellschaftsformationen behandelt, wie in »Totem und Tabu«. Moral, religiöse Gefühle, Gesellschaft, Kunst und Erörterung der Neurose sind für Freud allesamt mit dem Ödipalkomplex und seinem Niedergang verbunden.[9] Die Beziehung zum Vater, der elterlichen Instanz, bedeutet die Übertretung der Autorität des Vaters, der bei Freud stets als eine Figur versagender Autorität beklagt wird. Die Urvatermord ist zentral im Identifikationsmechanismus, durch den die aus ihrem narzisstischen Schlummer erwachende Bruderschar in ein Moment politisch-religiösen

Einklangs überging. Freud gilt dieser wesentliche Übergang vom Narzissmus zur Identifizierung als Beginn des Politischen.

Ein genauer Blick auf die Gestalt des Urvaters – eine Figur, mit der sich Freud identifiziert, an ihr aber zugleich seine eigenen Vatermordbestrebungen ausübt – offenbart eine Genealogie, die sie mit dem eigentlichen Wesen der Psychoanalyse verbindet. Insofern die Psychoanalyse aus Irmas Mund und Traum hervorging, kann sie auch von einem Traum abgeleitet werden, dessen Leitmotiv Aggression und Schuld gegenüber Freuds totem Vater ist, der zugleich eine politische Rolle erfüllen soll (wann wäre Elternschaft je *nicht* politisch?).

Bereits in der *Traumdeutung* schert Freud an entscheidenden Stellen zur politischen Metaphorologie aus, um die Traumarbeit und ihr Verhältnis zu dem, was nicht gezeigt werden kann, mithin sich dem Darstellbaren entzieht, zu erörtern. Undarstellbarkeit ist, was Freud in »Das Unbehagen« der Politik zuschreibt, wenn er stattdessen das poetische Wort als Mittel des Ausdrucks von »Sprachgefühl« ansieht, welches sich der Figur der abwesenden und doch bedrohlichen Politik anverwandelt. In der »Traumdeutung« wählt Freud die Politik oder doch zumindest die Herausforderung an einen Illustrator, die sich für ihn im Politikteil einer Zeitung stellt. Politik repräsentiert das Unanpassungsfähige in der Traumarbeit, da sie zu abstrakt bleibt und sich keinem Darstellungsmechanismus beugt: »Das Bildliche ist für den Traum darstellungsfähig, lässt sich in eine Situation einfügen, wo der abstrakte Ausdruck der Traumdarstellung ähnliche Schwierigkeiten bereiten würde, wie etwa ein politischer Leitartikel einer Zeitung der Illustration.«[10] Ähnlich wie

bei der Analogie in »Das Unbehagen« mag der Illustrator im Zitat
für jenen »Kenner menschlicher Kulturen« bzw. für jenen, der sich
für einen solchen hält (was Lacan späterhin als das »sujet supposé
savoir« apostrophieren wird) erachtet werden, diesmal ist es vielleicht der Analytiker.

Für Freud ist Politik bzw. die Undarstellbarkeit der Politik, mithin die Schwierigkeit, verderbliche Macht einzuschränken, nicht
weniger als absurd; sie wird mit dem »Anschein phantastischer
Absurdität, mit dem der Traum sich verkleidet«[11] verglichen. Die
deutsche Reflexivform mag gar suggerieren, dass der Traum selbst
sich mit seiner eigenen fantastischen Absurdität versteckt bzw.
verkleidet, was nicht unbedingt schlecht ist. Freud wertete ja das
Fantasma auf und war der erste, der im Fantastischen eine Logik
fand. Wenn eine Absurdität fantastisch ist, lässt sie ganz gewiss
einen unbestimmbaren Rand, der an das angrenzt, was durch die
eigene »fantastische Absurdität« des Traumes verschleiert bleibt.
Die Tarnung bzw. Verkleidung von Träumen offenbart vieles von
der der Traumarbeit eigenen Zensurfunktion und der Weise, wie sie
den Traum hin zu allerart Werturteilen, die sich von Traum selbst
ableiten, überschreitet. Um die Absurdität bzw. das Absurdwerden
von Träumen zu demonstrieren, wählte Freud einen autobiografischen Traum, der seinen wiederauferstandenen toten Vater und die
Weise, wie Vaterschaft sich durch die Macht der Fantasie vom Vater
auf den Sohn verschiebt, beschreibt. Der zwischen Zufriedenheit
und Aggression angesiedelte unsichere Affekt, den Freud aufzeigt,
wird späterhin für *das* Politische erachtet werden bzw. – mit Nancy
und Lacoue-Labarthe – für den *Rückzug,* den wesentlichen Bruch

im Politischen, der Transzendierung abweist, zugleich aber fähig
ist, totalitäre Strukturen zu verändern, was die der Psychoanalyse eigenen politischen und kulturellen Gefühle des Unbehagens
überwältigt. Aufmerksam gegenüber dem bildlichen Element und
angezogen von Wortspielen und Homonymen beschreibt der Traum
Freuds toten Vater als einen politischen Führer, der auf zwei Stühlen
steht (»Stuhlrichter«):

> »Der Vater hat nach seinem Tode eine politische Rolle bei den Magyaren gespielt, sie
> politisch geeinigt, wozu ich ein kleines undeutliches Bild sehe: eine Menschenmenge
> wie im Reichstage; eine Person, die auf einem oder auf zwei Stühlen steht, andere
> um ihn herum. Ich erinnere mich daran, daß er auf dem Totenbette Garibaldi so
> ähnlich gesehen hat, und freue mich, daß diese Verheißung doch wahr geworden ist.«[12]

Angesichts der Heraufbeschwörung der Politik und der bereits
verschmähten und betrauerten, zugleich aber auch verklärten und
idealisierten väterlichen Instanz erklärt Freud: »Das ist doch absurd genug« – was auch bedeuten mag: das ist fantastisch genug,
oder politisch genug, oder verborgen genug, oder keines von allem;
zuweilen mögen sie alle dasselbe bedeuten. (Nebenbei bemerkt:
Die englische Übersetzung änderte Freuds Erklärung, die bewusst
unbestimmt gehalten ist, in eine rhetorische Frage: »what could
be more absurd than this?« Man muss sich über die Auswirkung
dieser Veränderung auf den Text, der so sehr von rhetorischen
Elementen abhängt, wundern. In der Tat, was könnte absurder sein?
Die Art und Weise, wie sich die Texte und deren Übersetzungen
gegenseitig durchwirken, ist ein weiterer Aspekt der Freud'schen

Politik und des Politischen bei Freud.[13]) Freud enthält sich eines
tieferen Eingehens auf die Deutung der Hauptszene des Traumes – das bleibt zu abstrakt, zu absurd, zu fantastisch. Stattdessen
wendet er sich, wie Kafkas Gregor Samsa, zur Wand, auf ein Bild
starrend, welches er anfänglich als »undeutlich« apostrophiert, also
als unbestimmt bzw. unklar, an der Schwelle zum Undarstellbaren.
Die Deutung des Traumes basiert gravierend auf Homonymen,
die Freud benutzt, um ein Urteil zu generieren, die aber dennoch
gleichsam außerhalb der Repräsentationskapazitäten des Traumes
bleiben, ähnlich der politischen Figur, da ja Homonyme und andere
rhetorische Wortspiele bildlichen Repräsentationen ausweichen. Es
ist etwas radikal Antibildliches, daher auch Antidarstellerisches,
dem Darstellbaren gar unheimlich Entgegengesetztes am Wesen
des Homonyms, das ihm die Erhaltung der Wertigkeit wie der
Mehrwertigkeit ermöglicht.

Freud betont die »Gesetzlosigkeit« der Magyaren, auch das
Gesetz in Form des Urvaters, des traditionellen Vorboten des Ge-
setzes, mithin die Unmöglichkeit des Traumes, namentlich die
Unmöglichkeit seiner politischen Szenographie. Er hält an dem,
was am Traum, wie immer undeutlich, dennoch bildlich ist, fest und
beschreibt das Bild an der Wand, ein Holzschnitt, der die Geschichte
von Österreich illustriert, einer neuen entwurzelten väterlichen Instanz für Freud, den mährischen Juden, der in Wien, nunmehr seiner
neuen *Patria*, angekommen ist. Angesichts der »Undeutlichkeit« des
Bildes vermag Freud einen Vater durch einen anderen zu ersetzen;
Maria Theresia im Holzschnitt ersetzt er durch seinen toten Vater.
Der Geschlechtswechsel ist offensichtlich, dient möglicherweise

als Verteidigungsmechanismus für einen Vater, der schon tot ist, dessen Kastrationsmacht gleichwohl nunmehr aufgewertet und erhöht wird.[14] Freud widmet sich dann dem Stuhl, der den Widerspruch des Traumes bedeutet, vielleicht den phänomenologischen Widerspruch zwischen Psychoanalyse und Politik: der *Stuhlrichter* bezieht sich auch auf den anderen *Stuhl*, den ein toter Vater post mortem ausscheidet.[15] Dem Traum liegt der Widerspruch zugrunde zwischen dem Figurativen und dem Wörtlichen, zwischen dem Darstellenden und dem Politischen, zwischen dem Wunsch, »vor den Augen der eigenen Kinder nach dem Tod dazustehen, groß und unbefleckt« und der dem Vatermord unweigerlich innewohnenden Geringschätzung. Freud ist bestrebt, die kraftvolle Integrität und Rechtschaffenheit eines Vaters, der noch immer zu verstümmeln vermag, zu erhalten – wie etwa der standbildhafte Vater von Don Giovanni, oder gar wie Goethe selbst, Phallus einer Nation. Freud fügt dem eine rhetorische oder vielleicht auch unrhetorisch gemeinte Frage bei: »Wer möchte das nicht wünschen?«[16] Der Übergang der Figuren – vom Sohn zum Vater – bezieht sich möglicherweise auf die Verschiebung in der Identität des »wer« in Freuds (rhetorischer) Frage, was einen Teil der Traumarbeit ausmacht, wie denn auch Teil der dem Traum einverleibten Politik.

Freud konnte sich von diesem Wunsch nicht lösen und kehrte zum Traum noch dreimal zurück. Das letzte Mal, im Jahr 1930, zu einer Zeit, als er »Das Unbehagen« vollendete, während er auch durch die Furcht vor der Vergesslichkeit beunruhigt war, mithin vor dem Verlust des eigenen Lebenswerks. In seiner Rückkehr zum Traum mutierte Freud, allegorisch oder auch nicht, zu seinem

Vater, indem er das Verlangen aktivierte, vor seinen Kindern groß und unbefleckt dazustehen. Er fügte seiner früheren Lesart einen Absatz hinzu, diesmal von der Seite der väterlichen, mithin betrauerten und rhetorisch unerreichbaren Gestalt (das ist der Standpunkt der Prosopopöie, die Fiktion der Stimme-hinter-dem-Grab, die Fiktion der Autobiografie und die Funktion der Verständlichkeit – etwas, wovor uns Freud stets warnte).[17] Er beendet den Absatz in der Bestrebung, den toten Vater – in einer gleichsam hamletartigen Geste – zu trösten: »Was wir für die Auflehnung gegen den Traum halten, der Einspruch aus unserem besseren Wissen, daß der Mann doch schon gestorben sei, ist in Wirklichkeit der Trostgedanke, daß der Verstorbene das nicht zu erleben brauchte, oder die Befriedigung darüber, daß er nichts mehr dreinzureden hat.«[18] Freud versucht, durch die Tatsache getröstet zu werden, dass der Vatermord *post mortem* passieren wird – eine weitere fantastische Absurdität. Der klagende Ton, von dem die gesamte Interpretation durchwirkt ist, widerspiegelt einen anderen Klagenden, der in den Traum eingeschrieben ist: Angesichts der fantastischen Absurdität und der verschwommenen Repräsentation des Bildlichen erinnert sich Freud an Goethes Klage über das Ableben eines Freundes, Schiller, und seine Versuche, an den Freundschaftsbanden festzuhalten, obwohl der Freund schon zum »wesenlosen Schein« wurde. Anders als Freuds mutiger Mutlosigkeit, vor seinen »Mitmenschen [...] aufzustehen« in »Das Unbehagen«, und sein Widerstand, jeglichen narzisstischen Trost anzubieten, begehrt Freud als Vater und Freud, der von seinem Vater träumt, seine »Auferstehung« und sucht nach Trost, von dem auch er weiß, dass er unerreichbar ist, und den er selbst nicht zu bieten vermag. Ähnlich wie Schiller für Goethe ist Trost für Freud stets »wesenloser Schein«.

Als Freud späterhin zu diesem Traum in der *Traumdeutung* zurückkehrt, hebt er ein Gefühl der Befriedigung hervor, das er am Totenbett seines Vaters empfand, indem er den Tod des Vaters mit der Geburt seines Sohnes verschmolz. Der generationelle Übergang erscheint im Text in der Form eines vergessenen Nachtrags: »[...] (Dazu eine vergessene Fortsetzung).«[19] Was sich in der Auslassung zuträgt, ist der Traumarbeit zugeordnet, insofern es die Arbeit der Zensurinstanz ist, die in der Szene kurz nach dem Traum aufkommt. In den 1930er-Jahren fürchtet sich Freud vor Vergesslichkeit, da diese die Tilgung wesentlicher Verdrängungen in den Verläufen zunehmender Aggression markiert; es geht dabei um eine essenzielle Vergesslichkeit von der Art, die Derrida späterhin in Begriffen der Auslöschung des Vaternamen ausleuchten wird, hervorgerufen durch Freuds »Fort-Da« spielenden Enkel am Anfang von »Jenseits des Lustprinzips«.[20] Freuds Erwähnung der Vergesslichkeit ist von wesentlicher Bedeutung für seinen politischen Einsatz, namentlich die Absurdität des Nichterinnerns dessen, was es durchzuarbeiten gilt, ähnlich wie im Fall von Nietzsches Vergessens eines Regenschirms, das eine gewisse Unverborgenheit offenlegt, gleichsam die Vergesslichkeit des Seins in einer Seinshandlung.[21]

Freud verweist darauf, dass er den Inhalt des Traumes vergessen hatte, wobei er aber beim Anblick des siegreich auferstandenen Vaters, der aber dennoch Stuhl ausscheidet, mit einem unerklärten Urteil der Befriedigung zurückblieb – wie ein Richter fällt Freud ein Urteil über die Qualität des Stuhls. Freuds Auslassung bezeichnet das Unbezeichenbare, nämlich das politische Element, welches die familiäre Einheit durchdringt, worauf er seine spätere Auffassung von Gesellschaft basieren wird. Es handelt sich um ein affirmatives Vergessen, das die durch den Vatermord hervorgerufene Befriedigung belangt, mag zugleich aber auch die textuelle Darstellung eines Abwehrmechanismus sein bzw. der Widerstand gegen einen künftigen Vatermord (trotz dessen Unausweichlichkeit). Denn was die Auslassung impliziert, ist möglicherweise Freuds Tod, der notwendige Vatermord seiner eigenen Kinder und Anhänger, der sich von denselben Aggressionsstrukturen ableitet, die den unaufzeigbaren Bereich der Politik kennzeichnet, welcher in den gewalttätigen 1930er-Jahren Freud zu schaffen machte. Nichtsdestotrotz bietet Freud »leichte Verzeihung« an, und zwar sowohl seinem toten Vater als auch seinem Sohn, der ihn zu einem mörderischen Sohn, zugleich aber auch zu einem nicht-so-großen und befleckten Vater degradierte. Weder Vater noch Sohn haben Freud um Vergebung gebeten, was – mit Adorno, Derrida und Jankélévitch verstanden – das Problem der Verzeihung des Unverzeihbaren erweist: Vatermord, Elternmord und andere seit Freuds Angebot praktizierte Entsetzlichkeiten. Die Gabe des Verzeihens zeigt an, wie Politik und Kultur sich entfalten sollten – aber niemals werden. Die Identität dessen, der wünscht, »vor seinen Kindern groß und rein dazustehen«, bleibt hier offenbar verschwommen, eingebunden in den leeren Raum der Auslassung.

Der Auslassungsraum kennzeichnet für Freud den politischen Raum bzw. den Raum, wo Politik stattfindet, sich zugleich aber auch der Repräsentation entzieht. In seinen metapsychologischen und kulturellen Schriften richtet Freud seinen analytischen Blick auf diesen unsichtbaren Raum. Durch Variierung der zwanghaften Wiederholung reanimiert Freud den »wesenlosen Schein« der Szene von Goethes Trauer um Schiller, wenn er »die Zukunft einer Illusion« und die Grenzen religiöser Erfahrungen durchdenkt. Diese Gedanken bilden die Grundlage des relationalen Aspekts, dem »Das Unbehagen« seine politische Wirkmacht verdankt. Freud beginnt »Das Unbehagen« mit der Schaffung der Basis für vielerlei Polemik, als er sich an seinen Dissens mit seinem Freund Romain Rolland erinnert, der die religiöse Erfahrung als ein ozeanisches Ewigkeitsgefühl beschrieb, das so vielen bekannt ist und so viele erfasst. Nicht auszuschließen, dass Freuds gesamtes »Unbehagen« durch den Versuch ausgelöst wurde, zu begreifen, was dieser ozeanische Raum zu metonymisieren trachtet und wie er mit dem politisierten Raum der Auslassung kollidiert – einem Raum der Vergesslichkeit und der blendenden Faszination. Freuds unerbittliche Erörterung spiegelt wider, was passiert, wenn Freunde nicht mehr fähig sind, eine Diskussion einzugehen, und in narzisstische Positionen zurückfallen, jenen entleerten Raum der Auslassung, den uneingeschränkten politischen Raum.

In Kategorien der traumatischen Aufdeckung, die Freuds »verlockende Aufgabe« verhieß, lässt sich behaupten, dass die bedrohliche Ermahnung von »Das Unbehagen« nie in Gänze überbracht wurde, das Werk mithin die Ziele, die es sich gesetzt hatte, verfehlte. Sowohl im Jahr 1929 als auch 1931 erwies sich die Rezeption von »Das Unbehagen« und anderen politisch-psychoanalytischen Äußerungen als schwierig, und wie im Nachtradio verschwamm ihr Programm und verflüchtigte sich zeitweise. Ähnlich wie bei Nietzsches Anrufung der

Philosophen der Zukunft mag wohl sein, dass Freuds Versuch, die
»Kenner menschlicher Kulturen« zu animieren, die fähig wären, die
volle Tragweite der in seiner Analogie enthaltenen zerstörerischen
Wahrheiten zu begreifen, nur unter denen Widerhall finden konnte,
die von ihm nicht unbedingt gemeint waren, aber am Schauplatz
der historischen Kontingenz gefangen waren.

Und doch gab es einige frühe Reaktionen auf Freuds Sorge über
die überreizte und unkontrollierte Feindseligkeit und gewalttätige
Aggression in der Gesellschaft. Im Jahre 1930 erbten Max Horkheimer
und Theodor Adorno bzw. gründeten de facto von Neuem das Institut
für Sozialforschung in Frankfurt. Ihre Auffassung des autoritären
Charakters folgte freudomarxistischen Ausrichtungen und Einsichten.
Der komplexe Konnex von Autorität und Autoritätsmangel im politischen Raum gerann ihnen zur »Dialektik der Aufklärung«, deren
negative Seite die gewalttätigen Kräfte, die Freud erkannt hatte, zu
einem grauenvollen, katastrophischen Endpunkt führt. Das gesamte
Werk über den autoritären Charakter ist in vielerlei Hinsicht eine
Antwort auf Freuds hoffnungsvolle Aufforderung, »daß jemand
eines Tages das Wagnis einer solchen Pathologie der kulturellen
Gemeinschaften unternehmen wird.«[22] Ihre berühmte F-Skala, mit
der sie faschistische Kennzeichen in der US-amerikanischen Gesellschaft maßen, mag auch eine Freud-Skala abgeben, die verschiedene
Ebenen der Aggression und Ausmaße eines durch verderbliche
kulturelle Über-Ichs und deren Beziehung zu Ich-Formationen
hervorgerufenen *Unbehagens* einschätzt – Erscheinungen, die sich
auch noch in der heutigen politischen Sphäre deutlich erkennen
lassen. Was Freud noch möglicherweise ironisch in Begriffen der

Trennung von Psychoanalyse und Politik erörterte, die durch eine
Art absurder Fantasie – welche gleichwohl weder absurd noch fantastisch ist – vermittelt wird, wurde seitdem ontologisch »aufgewertet«. Ironie wandelte sich zur Melancholie. Denn Freud hatte
unerbittlich darauf hingewiesen, dass keine Trennung bestehe, bzw.
dass man sich angesichts von Trennungen der Verleugnung der Kluft
enthalten müsse, wenn man nicht in den Abgrund der Auslassung
geraten möchte. Adorno verstand das gut und durchmaß ähnliche
Abgründe. Adornos kritisches Denken ist das eines Nothelfers bei
einem traumatischen Ereignis, welches Löcher in die Sprache und
das Rasterfeld der politischen Undarstellbarkeit eingebrannt hat.
Ähnlich wie bei Freud gilt »Hoffnung« (bzw. »Wunsch«) als belastet
in Adornos Werk, denn sie wird nachgerade geräuschvoll und unter
Beeinträchtigung in einer Weise durchschossen, die an die dissonan-
ten Geräusche der *Neuen Musik* gemahnen, bzw. – einschneidender
– an Hölderlins *Waffenklang.* Natur, sagt Hölderlin wird durch den
Klang von Waffen erweckt, besonders an »Feiertagen«.

Freud hatte keinen materiellen Zugang zu Europa nach 1939; wie
Moses blieb er zuletzt außerhalb eines Systems, das er analysiert
hatte. In gewisser Hinsicht blieb er in seinem eigenen politischen
Raum, in seiner eigenen ahistorischen Auslassung als Gesetzgeber.
Adorno und andere in seinem Kreis, wie Arendt, Horkheimer, Marcuse und Fromm (eine Teilliste, ohne Zweifel, der man gern noch
Benjamin hinzufügen würde, der gleichwohl 1940 tragischerweise
nicht überlebte) hielten sich an Freuds Einsicht, als sie versuchten,
mit einem »Leben *nach* Auschwitz« klarzukommen. Jeder mit seinen
je eigenen Begriffskategorien: das Lyrikverbot als barbarischer Akt,

Strukturen des Totalitarismus, die conditio humana. Angesichts des Undarstellbaren *par excellence* brachten sie alle verschiedene Dimensionen der Sprach- und Hoffnungslosigkeit ein, denn Freud verstehen nach 1945 bedeutete verstehen, dass es keine Hoffnung, keine Sprache mehr geben könne. Und doch waren sie auf der Suche nach einer angemessenen Sprache unter hoffnungslosen Bedingungen, insofern irgendetwas *nach* Auschwitz angemessen sein kann, sogar sprechen oder schweigen. Sie alle sahen sich zuletzt gezwungen, von ihren eigenen frühen sprachlosen Aussagen Abstand zu nehmen: Adorno zog seine antipoetische Aufforderung zurück; Arendt überdachte ihren beklagenswerten Ton in der zweiten Auflage von »Elemente und Ursprünge totaler Herrschaft«.

Und doch waren sich all diese Denker in der Schlussfolgerung einig, dass es das syntaktische Konstrukt »nach Auschwitz« in der Wirklichkeit nicht gebe. Wir sind noch nicht »nach Auschwitz« und werden es nie sein, und obwohl Auschwitz die vorletzte Zäsur darstellt, den weder darstellbaren noch nachvollziehbaren Bruch, ist es uns nicht erlaubt, uns von ihm zu distanzieren. Dies meint mitnichten die Fetischisierung von Auschwitz zum Kultobjekt der Verewigung anderer Formen der Vernichtung, was die Reproduzierbarkeit dessen bedeuten würde, was immer schon sich menschlicher Erfahrung hätte verbieten müssen. Denn Auschwitz ist ein Raum der Auslassung, ein Raum der Überpolitisierung, wo das Politische noch immer bis zum Überdruss erscheint. Moshe Zuckermanns Buch widmet sich der Frage, wie Auschwitz sich tragischerweise trotz seiner selbst wiederholt. Sein Buch richtet sich gegen die Indoktrination von Auschwitz als Slogan der politischen Diskurse

Israels und Deutschlands, wobei er sich auf den Kernpunkt der Freud'schen Aporie einlässt, die Auslassung, welche durch den Raum der Vergesslichkeit mit dem Imperativ »vergiß!« geöffnet wurde.

Es handelt sich um eine wesentliche Vergesslichkeit der Freud'schen Art, deren Ursprung sich im gebrochenen Versprechen der Politik befindet, der Verheißung eines Vaters, der eine Nation gesetzloser Magyaren zu vereinen vermag, dessen Versuche gleichwohl bestenfalls als Übertragung des Stuhls vom Vater auf den Sohn zirkulieren. Durch Vergesslichkeit entzieht man sich dem klischierten und fetischisierten Imperativ »gedenke!«. Vergessen oder erinnern sind weder für Zuckermann noch für Adorno (gewiss nicht für Freud) binäre Gegensätze, und die vielen Modalitäten, in denen man erinnert oder vergisst, oder im Erinnern vergisst oder während des Vergessens erinnert, beschreiben ein komplexes phänomenologisches Kompendium. Es ist durch Vergesslichkeit, dass man dennoch erinnert, ohne sich dabei in ein narzisstisches Gefühl der erholsamen Abschaltung bzw. der hermeneutischen Distanz zu versenken, ein Gefühl, das befriedigt zu deklarieren vermag: »nicht mehr!«. Zuckermann weiß sich Adornos Diktum verpflichtet: »[Auschwitz] war die Barbarei, gegen die alle Erziehung geht. Man spricht vom drohenden Rückfall in die Barbarei. Aber er droht nicht, sondern Auschwitz war er; Barbarei besteht fort, solange die Bedingungen, die jenen Rückfall zeitigten, wesentlich fortdauern. Das ist das ganze Grauen [...]. Der gesellschaftliche Druck lastet weiter, trotz aller Unsichtbarkeit der Not heute. Er treibt die Menschen zu dem Unsäglichen, das in Auschwitz nach weltgeschichtlichem Maß kulminierte.«[23] Ähnlich wie bei Freuds Auffassung des Unbewussten verweisen Adorno und Zuckermann auf die »Unsichtbarkeit der Not«, die weiterhin in traumatischer Schärfe im Heutigen fortwirkt. Für Adorno ist dieses fortdauernde Verfolgtsein das Grauen, ähnlich wie die Einsicht, dass die Barbarei von Auschwitz niemals ausgelöscht werden kann; sie besteht immerfort. Durch mannigfaltige Erörterung, die immer wieder in diese bestimmte Aussage und ontologische Position einmündet, differenziert Zuckermann – nicht nur an Adorno, sondern auch an Nietzsche orientiert – zwischen zweierlei Vergesslichkeit: eine gute und eine schlechte, eine essenzielle, die das Verständnis existentieller Schuldigkeit vermittelt, und eine demagogische, die die Perpetuierung von Gewalt begünstigt. Sein Verständnis von »Freud und das Politische« unterscheidet sich von dem Adornos oder anderer Frankfurter Denker, da, anders als sie, er nur aus den Ruinen sprechen kann, ohne das Sichhingeben an eine Zweigsche »Welt von gestern« und doch mit dem Blick, der versteht, dass Auschwitz fortbesteht, noch immer geschieht.

Angesichts von Ereignissen wie dem »Brexit«, angetrieben von zunehmenden nationalistischen Tendenzen unter denen, deren sogenannte traditionelle Bindung sich anderen Richtungen zugewandt hat, kann man die Relevanz von Adornos Erforschungen des autoritären Charakters nicht ignorieren, besonders nicht im Hinblick auf jene, die man für »normal« erachtet. Denn was ist Brexit, wenn nicht eine tragische frustrierende Vergesslichkeit? Angesichts der subkutanen und doch überschwänglichen Aggressionen ist man doch vom Grad der repressiven Vergesslichkeit, die das historische Gedächtnis nicht hätte zulassen dürfen, höchst erstaunt. Zuckermanns eigene düstere Schlussbemerkung analysiert Rabins

Ermordung in den Kategorien Adornos und Freuds; sie zeigt, wie wenig, wenn überhaupt, Freuds Grundeinsicht ihren Widerhall in diesem Zusammenhang gefunden hat, mithin wie unmöglich sich Freuds »verlockende Aufgabe« für das israelische Kollektiv ausnahm. Anders als Adorno, Horkheimer oder Arendt, die die Realisierbarkeit eines Dritten Weltkriegs mit dem begrifflichen Raster, das sie entwickelt und vermittelt hatten, nicht aufzuzeigen vermochten, legt Zuckermanns Lesart von Freud, ansetzend an der politisiertesten Einheit, der totemischen Familie, offen, wie dieser Krieg unglücklicherweise möglich wurde – als unsichtbare Not. Wie Freuds »Das Unbehagen« enthält sich Zuckermann des Angebots irgendeines Trosts, nicht einmal von der Art, die vom Imperativ »zu vergessen« hätte kommen können, einem Imperativ, der sich hier höchstens, unter Freuds Auffassung des Politischen, als eine fantastische und doch verheerende Absurdität erhält.

# Anmerkungen

Aus dem Englischen von Moshe Zuckermann

*Nimrod Reitman,* geboren 1984, studierte Medizin und Philosophie am Cohn Institute for History and Philosophy of Science and Ideas der Universität Tel Aviv und schrieb seine Doktorarbeit am Department of German Studies der Universität von New York.

1. Sigmund Freud, Das Unbehagen in der Kultur, in: Sigmund Freud, *Studienausgabe,* Bd.IX, Frankfurt/M 1982, S.266.
2. Das Reifen von *Das Unbehagen* ist das Resultat vielfältiger textlicher Metamorphose. Freud wollte ursprünglich das Buch *Das Unglück in der Kultur* nennen; erst später veränderte er es in den weniger üblichen Begriff *Unbehagen.* Dies bewirkte eine große Herausforderung für die Übersetzung von Freuds Buch, gleichsam noch eine *verlockende Aufgabe.* Freud schlug *Discomfort* vor, aber Joan Riviere bevorzugte *Discontent,* ein Begriff, der zwar *das Unbehagen* gleichlautend widerspiegelt und doch die volle Bedeutung dieses unübersetzbaren, in der Tat kulturabhängigen Begriffs nicht zu erfassen vermag. Auf der Ebene psychoanalytischer Gefolgschaftstreue mag Riviere, eine bekannte Anhängerin Melanie Kleins, ihre eigenen Widerstände und Aggression erfahren haben, als sie ein Buch aus dem gegnerischen Lager übersetzte.
3. Es besteht reichlich Literatur über die Rolle der Zensur im Freud'schen Werk. Die Art und Weise, wie die Leser den Zensor zensieren, ist ein Ergebnis der disziplinären Ausrichtung und spiegelt ein System politisierter akademischer Bindungen wider. Vgl. als exemplarische Auswahl: Sam Weber, *The Legend of Freud,* (CA Stanford Univeristy Press, 1982); Derrida, *Resistences of Psychoanalysis,* trans. P. Kamuf and M. Naas (CA, Stanford University Press, 1998). Zur historischen Erörterung von Zensur in Freuds Schriften vgl.: Peter Galison, »Blacked-out spaces: Freud, censorship, and the re-territorialization of mind«, *The British Society for the History of Science* (45)2: 235-266, June 2012, Cambridge University Press
4. Jacques Derrida, "The Ends of Man" und "White Mythologies", in: *Margins of Philosophy,* trans. Alan Bass (Chicago: Chicago University Press, 1982) 109-132.
5. Freud, Das Unbehagen in der Kultur, S.270.
6. Die Struktur des Zusammenbruchs angesichts dessen, was späterhin für das unsymbolsierbare »Reale« erachtet werden wird, Nazismus in diesem Fall, beherrscht auch andere psychoanalytischen Strukturen, wie etwa die des Fetischs, der seine Wirkmacht verliert, sobald das, was er ersetzen soll, erscheint.
7. Betrachtet man die Historizität der psychoanalytischen Bewegung, lässt sich selbst Freuds eigenes tückisches Verhalten registrieren, welches einige politische Zügelung benötigte bei der Weise, in der die Psychoanalyse ihre libidinal-politischen Energien in Umlauf setzte.

8.  Ich folge hier Jean-Luc Nancys and Philippe Lacoue-Labarthes Unterscheidung zwischen *dem Politischen* und *Politik*. Für Nancy and Lacoue-Labarthe bedeutet *das Politische* das politischste in der Politik (was den Gebrauch von *das* erklärt), das die einfachen Beziehungen zwischen Individuen, die die Politik und ihren Lauf ausmachen, überschreitet. Was die Unterscheidung zwischen den Modalitäten der Politik kennzeichnet, ist der Anteil des »Rückzugs«, der »uns nötigt, den Begriff der Transzendenz zu verlagern, neu zu überdenken und zu wiederholen.« Im Kontext von Freuds Text und Zeit würde der Bruch im politischen Diskurs angesichts der Heraufkunft des Nationalsozialismus, der mit der Einbeziehung und Präsentation der Transzendenz operiert, *das Politische* bedeuten. Vgl. »The Retreat of the Political«, *Retreating the Political*, ed. S. Sparks (Routledge, London 1997), 129-131.
9.  Sigmund Freud, Totem und Tabu, in: *Studienausgabe*, Bd.IX, Frankfurt/M 1982, S.439. Vgl. auch Moshe Zuckermanns Erörterung im vorliegenden Band, insbesondere, wenn er den Übergang von der Religion zu anderen falschen Gemeinschaften analysiert, besonders in »Freuds Religionsbegriff im Kontext des religionskritischen Diskurses der Moderne«.
10. Sigmund Freud, Die Traumdeutung in: Sigmund Freud, *Studienausgabe*, Bd.II, Frankfurt/M 1982, S.335.
11. *Ebd.*
12. Die Traumdeutung, S.414.
13. Politik und Poetik der Zitation und ihrer Interferenz mit der Aporie von Freundschaft, Anerkennung und autoritären Gestalten wird von Jacques Derrida analysiert in: *The Politics of Friendship*, trans. G. Collins, (Verso: NYC, 2005).
14. Die Struktur dieses *Ersatzes* beherrscht den Mechanismus des Fetischismus sowohl in der Psychoanalyse als auch in marxistischen Theorien. Im Fall des Freud'schen Denkens dient der Fetisch gleichwohl in erster Linie als Verteidigung gegen die Kastration. Vgl. *SE21*, »Fetishism«, 153-155.
15. Für Freud beziehen sich Fragen des Urteils und Richtergestalten stets auf die anal-sadistische Phase. Ein anderer Richter, Daniel Paul Schreber, steht im Zentrum von Freuds Auffassung von *Dementia praecox* oder Paranoia, die auch mit der Überbewertung der väterlichen Gestalt und einem starken Bezug zum Analen operiert. Die wesentliche von Richter Schreber dargestellte Fantasie war die Entmannung zur Frau und die Verbindung zu Gott durch den analen Geschlechtsverkehr.
16. *Ebd.*, S.414.
17. Das ist ein Zusatz zu einem von Paul de Man gelieferten ausgereiften Argument, der eine Verbindung zwischen dem autobiografischen Antrieb und der Entstellung bzw. Vergesslichkeit herstellte, indem er Prosopopöie als rhetorisches Mittel auslegte. Vgl. "Autobiography as De-Facement", *The Rhetoric of Romanticism* (Columbia University Press, NY 1984) 75-81.
18. Die Traumdeutung, S.416.
19. *Ebd.*, 432.
20. Jacques Derrida, *The Post Card*, »To Speculate – On 'Freud'«, trans. A. Bass (Chicago: Chicago UP, 1987) 260-268.

21. Jacques Derrida, *Spurs: Nietzsche's Styles = Eperons: Les Styles De Nietzsche.* Translated
    B. Harlow (Chicago: University of Chicago Press, 1979) 141.
22. Freud, Das Unbehagen in der Kultur, S.269.
23. Adorno, Erziehung nach Auschwitz, in: ders., *Erziehung zur Mündigkeit*, Frankfurt/
    Main 1971, S.88.

Moshe Zuckermann

# „Antisemit!"

### Ein Vorwurf als Herrschaftsinstrument

ISBN 978-3-85371-318-1, br.,
208 Seiten, 15,90 €
E-Book: ISBN 978-3-85371-820-9, 12,99 €

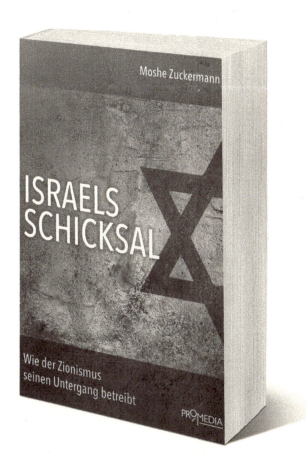

Moshe Zuckermann

# Israels Schicksal

Wie der Zionismus seinen Untergang betreibt

ISBN 978-3-85371-375-4, br.,
208 Seiten, 17,90 €
E-Book: ISBN 978-3-85371-823-0, 14,99 €